职业教育中的创业教育

一项意大利和澳大利亚的比较研究

〔意〕丹尼尔·莫尔塞利 著

常飒飒 译

商籍印书馆
创于1897 The Commercial Press

职业教育学术译丛
出版说明

自《国务院关于大力推进职业教育改革与发展的决定》颁布以来，我国职业教育得到了长足发展，职业教育规模进一步扩大，职业教育已经成为国家教育体系的重要组成部分。为了更好满足社会经济发展需要，建设更多具有世界一流水平职业院校，商务印书馆与深圳职业技术学院共同发起、组织、翻译、出版了这套学术译丛。

我馆历来重视移译世界各国学术著作，笃信只有用人类创造的全部知识财富丰富自己的头脑，才能更好建设现代化的社会主义社会。为了更好服务读者，丛书主要围绕三个维度遴选书目。一是遴选各国职业教育理论著作，为职业教育研究人员及职业教育工作者提供研究参考。二是遴选各国职业教育教学模式、教学方法等方面的书目，为职业院校一线教师提供教学参考。三是遴选一些国际性和区域性职业教育组织的相关研究报告及职业教育发达国家的政策法规等，为教育决策者提供借鉴。

深圳职业技术学院为丛书编辑出版提供专项出版资助，体现了国家示范性高等职业院校的远见卓识。希望海内外教育界、著译界、读书界给我们批评、建议，帮助我们把这套丛书出得更好。

商务印书馆编辑部

2022 年 6 月

目　录

序言（一）

在过去的 20 年里，无论是在形成性环境中抑或在学校情景下，都涌现出大量关于传统学习方式的研究。与个体取得成就相关的内容主要集中在下面三个方面：

1. 认知问题：在学校中习得的能力很少能被用来解决实际生活中的问题；
2. 社会问题：人们普遍看重社会上的成功，而非通过正规学习有所收获；
3. 创新扩散不足：公司和教育机构共同承担着"传播知识和规则"的功能，一些在他处无法学习的素养，可以在此习得。

因此，我们的社会出现了割裂。形成性环境无法有序过渡到工作生活环境。相反，正规教育所形成的智慧和实践智慧之间存在着鸿沟。

丹尼尔·莫尔塞利的项目正与上述内容有关，因而本人对他的研究愈发感兴趣。我见证了他如何孵化一个有意义的研究项目，他在本书中展示的有关创业教育研讨会的工作也解释了该项目的相关要素。这一项目源于对培训和能动性之间关系的观察。二者之间的关系正在迅速发生改变，每个人都需要经常重组知识结构，更新能力素养和变换工作。这就是为什么教育的目标不能是追求技术的进步和技能的提高，而应该是伴随个体学习。如此，教育才能演变成一个跨边界的行为系统，使每个人都能应对和掌控那些在具体情形下出现的不确定和难以捕捉的变革。

我们该如何理解这种学习模式呢？莫尔塞利项目的独创性体现

在：他以第三代活动理论为出发点，展示了恩格斯托姆（Engestrom）的拓展性学习理论、麦基罗（Mezirow）的成人转化学习理论、温格（Wenger）的实践共同体理论以及库伯（Kolb）的体验式学习理论等当代成人学习理论的显著差异。接着，基于这些差异，他设计了创业教育研讨会，并进行了试验和推广。

拓展性学习理论和其他学习理论最重要的差别在于该理论认为：人类的每一项活动都表现为个体参与复杂情境的集体行动，这些集体行动包含相互关联的不同实体，如主体、中介性人工物、共同体、规则和程序、分工、结果和客体。按照这种方式，分布式认知①范式将认知和学习视为集体活动。这些集体活动不仅会受到文化人工物（工具和符号）的影响，也会受到规则、共同体和分工的影响。因此，学习远不仅是库伯的体验范式，也不仅是麦基罗所描述的个体转化现象。对何为有意义学习的分析和评价，拓展性学习理论将其从卢梭的自然修正主义中解放了出来。学习蕴含了一系列的转化过程，这些转化通过集体中的各个实体在系统间的互动来实现。

莫尔塞利考察时考虑到了活动系统之间的互动视角（除了对话视角之外），这一视角让创业的概念从新自由主义者和唯意志论者所主张的趋势中解放出来，尽管这种趋势时至今日依然很显著。我一直提醒莫尔塞利，他研究的概念焦点是作为教学法的创业教育，而不是创业，尽管创业听起来更"时髦"。正如温格所说，跨边界概念不仅导致两个活动系统交汇并相互"侵蚀"。跨边界也依赖于个体和集体学习的生成性。所谓生成性是指通过学习可以拓展新视野，带来新可能，产生生活和认知的新轨迹。

最重要的是，人们再也无法将恩格斯托姆的拓展性学习理论和温格的实践共同体理论混为一谈了。后者认为学习是对情景化实践的参与，在此基础上对成人群体的知识习得过程进行了研究。这样一来，学习和个体认同的构建过程之间就存在一种动态交互。这是一种社会学习理

---

① 分布式认知（distributed cognition）是认知科学研究的一种方法。——译者

论，灵感来自维果茨基（Vygotsky）的反思，该理论认为社会参与体现在学习和认识上。而温格的理论并没有用这种互动和生成的方式来解释学习的转化。

依据恩格斯托姆的理论，莫尔塞利说明了在形成性研讨会环境下，有可能克服组织学习和组织转化之间的分裂。为了在某一环境中触发拓展性学习循环，个体必须正视并解决组织的内部矛盾。与拓展性学习相关的学习行为是通过集体和递归的意义协商过程来实现的。

我们希望作者继续他的研究项目，相信该项目定能推动教学法和教育研究的进步。

威尼斯大学（Ca' Foscari University of Venice）

翁贝托·马吉奥塔（Umberto Margiotta）

序言（二）

当今时代，人们要想在就业市场占有一席之地，不仅需要具备复杂的新技能和新能力，还需要具备一种素养，用最佳方式解决不断变化的问题。

根据阿马蒂亚·森（Sen）提出的能力理论，教育可以并且应该为年轻人提供社会所需的各种素养。能力理论的关键在于人们能够做什么，或者说，有能力做什么。能动性自由是积极社会变革的核心要素：个体可以发起有益于自身和共同体的变革。集体空间对于提高个体能力至关重要，由此个体可以讨论其认为重要的事并做出决策。

培养学生们的能动性并不单单意味着教会他们必要的实用知识，掌控各种情况。更重要的是，能动性涉及面对变化时的开放心态、乐于反思、超越行动之外的智力活动、乐于与他人一起学习和工作，以及能够将理论与实践相结合。这种有关能动性的观点远远超越了新自由主义的观点（学校以就业市场为导向的功能需求）。当学生们在工作或学校竞争中遇到问题时能够激发其创造的自由性。能动性也是学生依据资源、偏好、态度和价值观，做出就业或创业的职业选择的能力。

最近，欧洲就业战略越来越重视教育对创业思维的促进作用：欧盟将主动性和创业定义为将想法转化为行动所需的一套知识、技能和习惯。莫尔塞利表示，创业素养代表了"一种能够帮助学生和未来公民在家庭、工作场所和社会生活中具备创新性的思维"。开创精神、积极态度、创造性思维、创业能力和风险管理能力构成了那些具有战略意义且无形的素养的核心要素。从终身学习的视域看，这些无形素养通常超越了技术层面，可以激发个体解决问题的能动性。正如莫尔塞利所写的：

"主动性和创业素养主要和能动性有关……特别是在就业能力上，报告显示主动性和创业素养与自主性及与他人合作有关。毫无疑问，这种素养主要体现在工作场所；不过，参与者表示，该素养也可以应用于日常生活的方方面面，因而成为终身学习框架的一部分。"

莫尔塞利在意大利和澳大利亚开展了一项有趣的研究，尽管意澳两种环境有着天壤之别，革新实验室（Change Laboratory）（一种非常有前景的研讨会，能够带来社会变革和创新）似乎都行之有效。在革新实验室中，学生都能从工作体验中学习到东西。在面对相关问题时，革新实验室帮助学生从与利益相关者的讨论入手，提高解读信息的能力。莫尔塞利表示："学生也需要有参与空间，可以讨论和反思对其而言重要的问题，以便做出明智的决策。除了创造新的机会，这一过程还扩大了学生的积极自由，增强了其自主性和主动性。"

本书中莫尔塞利提出的模型为我们展示了如何通过基于工作的学习模式来实现学习大纲的优化。这一模型关乎一种能力，让学生能够讨论和反思积极投入工作场所和课堂学习之间的学习关系。这种模式鼓励学生批判性地思考他们在工作中和学校里所参与的实践。

莫尔塞利研究的实验数据表明，如果在获得技术能力的同时，学生被赋予责任，并根据能力理论实现自我，那么学生就能在工作环境中逐渐积累经验。这就需要以工作导师和学校教师的共同参与为中心，重新设计基于工作的学习模式。正如莫尔塞利所强调的，经验的价值来自"集体空间的创造，在那里学生能够和他们的老师及导师们在边界处共事，思考如何将学校和工作相连接，提高培训的质量"。学生和所有参与者都认为澳大利亚和意大利的革新实验室研讨会的参与度高，而不是像很多研讨会，没有意义且与学生的目标相悖离。因此，有必要重视教师和工作导师之间的关系，不仅要确保给予学生充分的培训，还要确保给予学生生成性的互动，即那些产生新创意、概念和行动方案的互动。

总之，莫尔塞利从能力理论出发，主张关注学生的角色及其参与、学生的批判性和思考能力，为教育政策指明了一条新的道路。从这一视角来看，创业素养培训通过增强个体的社会意识、社会参与和社会责任，改善了个体的个人生活和职业生活。

威尼斯大学

马西米利亚诺·科斯塔（Massimiliano Costa）

导　论

人是自己命运的创造者。

(*Homo faber fortunae suae.*)

——阿庇乌斯·克劳狄·卡阿苏斯

(Appius Claudius Caecus)

　　阿庇乌斯·克劳狄·卡阿苏斯这句独特的名言常用来表达这样一种观点，即每个人都是自己命运的创造者。如今，现代教育体系无法回避的一个内容便是如何教会学生将想法付诸行动。将想法付诸行动需要自主性、创造性、主动性和抓住机会的能力。这就是所谓的创业教育。作为身处全球化时代的公民，想要成为自身命运的主人就需要接受这种教育。创造者（Homo faber）一词依然适用，它让人联想到工匠的形象（faber 字面意思指铁匠）。在这方面，我们也有培养工匠的现代教育制度，即职业教育和培训（Vocational Education and Training，简称为 VET）。基于此，创造者可以用来形容本研究的主题：职业教育中的创业教育。

　　本书中的比较项目是为对现代职业体系（如澳大利亚和意大利体系）感兴趣的国际读者所编写的。创业教育和职业教育对于解决年轻人的失业问题、帮助学生在全球化的挑战中成长至关重要。年轻人还将面临其他挑战，包括气候变化以及随之而来的对绿色技术和经济的需求。在将这些挑战转化为机遇的同时，年轻人必须创造价值，为共同体赋能。因此，提升高职学生的能力也是本研究的另一个目的。

　　在此，我们认为第七项欧盟核心素养——主动性和创业素养可以通过一个反映社会变革的社会文化实验室，即革新实验室来考察。高职学生被视为跨越边界者,因为在职业课程中,他们经常要跨越学校和工作之间的边界。由于不同的社会文化环境会遭遇不同的目标、规则、分工、共同体、工具和结果,所以边界处常常面临紧张局面(乃至出现问题)。这些紧张局面也可以被视作一种资源,因此也将是学生展示主动性和创业素养的一次学习机会。在此项研究中,教师和工作导师(相互作用的两个活动系统的代表)会在革新实验室研讨会里和学生一起讨论他们所面临的挑战,共同努力重新设计学校和工作的活动系统以及两者之间的关系。

对澳大利亚和意大利两种截然不同的职业环境的结果进行比较,能够使我们更好地理解在职业教育中激励主动性和创业素养的因素。

本研究共分为七章。

第一章是问题的提出。许多学者认为,自 20 世纪 70 年代以来,知识成为创新和变革驱动力,这也引发了从管理型社会向以极具活力的中小企业为特征的创业型社会的转变。在这一背景下,从终身学习的视域出发,公民必须具备主动性和创业素养(其实质即为"将想法付诸行动"),才能在面对全球化和变革时游刃有余。当前,青年失业现象在欧洲和世界其他地方普遍存在,而创业教育对于提高职业教育质量、解决青年失业问题至关重要。

第二章是文献综述部分,为研究项目提供框架。主要的研究内容为:素养的概念及其发展历程;跨边界所需专业技能的社会文化研究;将素养概念引入教育的批判性分析;作为欧盟终身学习核心素养之一的主动性和创业素养;职业教育中的创业教育;以及文化历史活动理论(Cultural Historical Activity Theory,简称为 CHAT)下的革新实验室教学法带来的拓展性学习和社会变革。

第三章是对研究方法的概述,并考虑了研究的实际细节,涉及在意大利和澳大利亚进行研究的时间表,包括申请授权、进行观察式参与、开展革新实验室研讨会以及后续工作等内容。关于后续工作,本章将展示一份问卷,用于收集有关该研究的教育和社会经济结果的数据。问卷分为两部分。第一部分由选择题组成,考察内容围绕第七项欧盟核心素养主动性与创业素养展开。接下来，为了更好地调查参与者对参与体验的理解，问卷的第二部分是有关主动性与创业素养和革新实验室的开放式问题。

第四章和第五章描述了意大利和澳大利亚革新实验室研讨会的成果。此前，我们对这两种环境以及在这两种环境中开展创业教育的方式进行了历史分析。根据文化历史活动理论，进行历史分析十分必要，以便更好地了解参与者对主动性和创业素养以及革新实验室研讨会的理解。

接下来的章节聚焦研究结果，进行了比较分析。第六章首先比较了两种环境下的定量和定性发现，然后对结果进行了评论。主要内容包括：基于恩格斯托姆三角模型对学生制作的导图进行比较和综合分析；关于触发事件在创业教育和边界学习过程中的作用的思考；以及选择题和开放式问题的答案。

第七章从青年失业问题以及创业教育和职业教育在全球化社会中起到的作用开始，总结了整个研究；接着描述了比较研究，并展示了主要发现；然后明确了创业的文化取向、革新实验室和能力理论之间的联系；接下来明确了职业教育共同的最近发展区以及主动性和创业素养的内涵；并且对今后的研究提出了两点建议，内容是关于如何改进澳大利亚和意大利的职业教育和培训体系。

这项工作在以下两位的指导下完成：一位是威尼斯大学的研究员马西米利亚诺·科斯塔，另一位是墨尔本教育研究生院（Melbourne Graduate School for Education）的教授约翰·波莱塞尔（John Polesel）。马西米利亚诺和约翰两人的建议互为补充。马西米利亚诺协助这个项目的开展，并就内容的改善提出了很多有用的建议。他对行业内的教育过程以及素养的见解十分重要，为这项工作提供了坚实的基础。约翰的建议也至关重要。约翰在研究计划和工作结构的建立上提供了帮助。他在职业教育和比较教育政策方面的知识非常宝贵。在这里特别感谢两位评审者：赫尔辛基大学（University of Helsinki）的约里奥·恩格斯托姆（Yrjo Engestrom）和罗马第三大学（University Roma Tre）的朱迪塔·亚历山德里尼（Giuditta Alessandrini）。

第一章　为什么要创业？

全球化对我们生活的影响

当今世界正在经历着人类历史上最不寻常的时刻之一。正如沃克曼等人所言，"国家和地区之间的权力格局不断发生变化，与此同时，市场的快速变化正在重塑政治格局并深刻影响着政府和企业之间的互动"（Volkmann et al., 2009, p. 6）。有人认为，我们的社会正变得越来越开放和多元化（Cárdenas Gutiérrez & Bernal Guerrero, 2011）：社会中的个体拥有更多的机会来实现梦想，其活动空间也进一步扩大，主动性也不断提高。

关于人类发展出现了一个新定义："与人们普遍强调将经济增长作为衡量一个国家生活质量的指标不同，阿马蒂亚·森（一位曾写过社会正义相关文章的印度哲学家和经济学家）坚持强调能力的重要性，即人们实际上能够做什么，能够成为什么样的人。"（Nussbaum, 2003, p. 33）人类发展被视为发展理念与实质自由的匹配，即一种"扩大人们所享有的真正自由的过程"（Sen, 1999, p. 9）。除经济资产外，人类发展还依赖于社会资产如福利和教育制度，以及政治资产如公民权利和政治参与。行动自由表现为因个体资源和价值观等因素拥有不同行动方案的可能性和机会。因此在行动自由中强调主体的中心性：个体基于能力的能动性将成为社会和经济发展的触发器，从而使社会和经济发展更具包容性、可持续性且智能性（Costa, 2012）。

在这种个体自由不断扩张的背景下，"创业型社会"范式诞生了："20世纪的旧范式正在被创业型社会的新范式取代——一个嘉奖

创造性适应环境和把握机遇,使创新想法得以实现的社会。"(Bahri &
Haftendorn,2006,p. Ⅸ)我们生活在一个以知识社会、知识经济为特
点的"知识时代",因而"知识思维"的重要性不言而喻,"它不仅可
以在劳动市场,还可以在生活的方方面面帮助个体应对今日的不确定性
和明日的未知性"(Badawi,2013,p. 277)。

经济合作与发展组织(Organization for Economic Co-operation and
Development,简称为 OECD)表示,社会的一个最重要的变化就是从
"管理型经济"向"创业型经济"转变(OECD,2010c)。前者出现在
大规模生产型社会,表现为"大型企业提供稳定就业,工会和雇主在
政府的支持下在调节经济和社会方面扮演主要角色。社会契约包括对
劳动市场的监管和强大的福利国家制度"(p. 31)。依靠大公司和大规
模生产的优势,此种社会模式在第二次世界大战后一度占据主导地位
(Audretsch,2003)。然而,自 20 世纪 70 年代以来,北美和欧洲的中
小型企业(Small and Medium-size Enterprises,简称为 SMEs)变得越来
越重要。利基市场出现,商品迅速淘汰,计算机驱动生产,这些都使小
公司有可能与大公司一较高下,夺走了大部分原本属于大公司的竞争
优势。伴随着上述转向,其他变化也悄然而生:"知识经济的增长、开
放式创新的涌现、全球联系的增强、非技术创新和硅谷商业模式以及
社会创新和创业等的出现,这一切都表明创新环境发生了重要变化。"
(OECD,2010c,p. 31)无论是发达经济体还是发展中经济体,都在向
知识社会转型,使知识成为最重要的生产要素。在这种转变中,中小型
企业因其灵活性而变得更具竞争力。所有这些变化催生了一种新经济。
在新经济中,中小型企业和新创企业在推动创新增长和创造就业机会方
面发挥着至关重要的作用(OECD,2010c)。

与此同时,社会正面临许多全球性的变化,这些变化远远超出了经
济领域。全球竞争正在对国家治理、组织结构和生活方式等方面提出新
的要求。

近年来,随着各国经济越来越紧密地交织在一起,不同国家的

经济命运变得越来越难以预测。随着资本迅速跨越国界寻求更高的回报，公司也不断寻找运营成本更低的地区。为了寻找就业机会或获得更好的生活，大量人口迁移。

（Bahri & Haftendorn, 2006, p. IX）

年轻人有必要做好准备应对生活中更多的不确定性和复杂性，包括频繁变换工作和合同类型、流动性增强、需要适应不同文化、自我雇佣概率增加，以及在家庭和社会生活中承担更多的责任等（Gibb, 2002）。此外，在西方经济体中，去本地化（产业转移）等现象减少了制造业领域的就业机会。与此同时，工业领域需要更加广博和专业的工作技能：

在传统稳定的劳动力市场萎缩之际，世界人口却在增长。无论是发达国家还是发展中国家，全球化和技术变革加快，改变了国民经济的组织形式和生产方式。尽管各国在经济结构调整的举措上差异很大，但都面临着裁员、失业和缺少赚钱的工作机会等问题，而这些都是最近全球经济变革所带来的主要社会成本。

（Bahri & Haftendorn, 2006, p. 1）

在这种情况下，许多国家的年轻人经常面临失业。

青年失业问题

国际劳工组织（International Labour Organization, 简称为 ILO）的数据显示，全球金融危机爆发五年后，全球经济增长再次放缓，失业率不断攀升，致使 2013 年失业人口高达 2.02 亿人（ILO, 2014）。预计目前这一趋势还将持续，而到 2018 年将有 2.15 亿人求职。这场危机对年轻人的影响尤为严重，仅 2012 年就有 640 万人退出就业市场（ILO, 2012a）。据统计，2013 年有 7450 万年轻人失业（ILO, 2013）。对比全球失业数据和经济合作与发展组织成员的失业数据,可以发现失业危机在一些最发达的国家尤为严重。例如,2012 年 5 月,经济合作与发展组织成员有 4800 万人(7.9%)失业,比 2007 年多了 1500 万人(OECD,2012b)。表 1.1 汇总了 2004 年、2007 年、2010 年、2013 年经济合作与发展组织主要成员的失业率以及 2015 年预测的总体失业率。

表 1.1 经济合作与发展组织主要成员总体失业率和青年失业率

单位:%

主要成员	2004 年失业率		2007 年失业率		2010 年失业率		2013 年失业率		2015 年(预测)失业率
	15~64 岁	15~24 岁	15~64 岁	15~24 岁	15~64 岁	15~24 岁	15~64 岁	15~24 岁	15~64 岁
意大利	8.1	23.5	6.2	20.3	8.5	27.9	12.4	40.0	12.5
德国	10.4	12.6	8.7	11.7	7.2	9.7	5.4	7.9	4.9
欧盟 28 国	9.3	19.0	7.2	15.7	9.7	21.1	10.9	23.3	11.4
经济合作与发展组织平均水平	7.0	13.7	5.8	12.0	8.5	16.7	8.1	16.2	7.2
澳大利亚	5.5	11.4	4.5	9.4	5.3	11.5	5.8	12.2	6.0
美国	5.6	11.8	4.7	10.5	9.8	18.4	6.9	13.5	6.0

资料来源:经济合作与发展组织就业和劳动力市场统计报告(http://www.oecd.org/statistics/)。

表 1.1 展示了全球危机前和危机中四个主要国家(澳大利亚、意大利、德国和美国)和欧盟 28 国的失业率以及经济合作与发展组织的平均失业率。每一年份的左栏表示总体失业率,右栏表示青年失业率。2013 年,澳大利亚总体失业率比经济合作与发展组织平均水平低约 2 个百分点,而意大利总体失业率比经济合作与发展组织平均水平高出 4 个百分点,意大利青年失业率更是比经济合作与发展组织平均水平高出了约 24 个百分点。根据 2015 年的总体预测,经济合作与发展组织平均失业率将略有下降,而欧洲的失业率将持续上升。

经济合作与发展组织（OECO，2012b）认为，意大利和澳大利亚（本研究的重点）就业前景预计会有很大不同。在遭到危机重创的意大利，失业主要集中在青年和低技能工人群体中。2012年，意大利实施了一项全面改革，旨在消除劳动力市场的分割，这可能会缓解危机的社会影响。另一方面，可以说澳大利亚更好地经受住了危机的影响，它是经济合作与发展组织中失业率最低的成员之一（OECD，2012b）。然而，不充分就业仍然是一个主要问题，尤其是对妇女而言。此外，自20世纪90年代以来，劳动份额一直在下降，相应地，工人的议价能力也受到了削弱。

总之，青年失业是每个国家共同面临的问题。在经济合作与发展组织成员中，青年失业率至少是总体失业率的两倍（OECD，2013）。在"大衰退"前的几年里，青年失业率从1995年的16%下降到2005年的14%（Quintini，Martin & Martin，2007）。而2012年5月，青年失业率升至16%以上。其后果之一就是长期失业率上升：2011年，35%的失业者至少花了一年时间找工作。在欧盟，这一比例猛增至44%（OECD，2012b）。南欧国家面临失业风险的青年比例最高（Quintini，2012）。个体从学校到职场的不良过渡会引发社会和经济的边缘性问题，政府被迫采取积极行动以应对这方面的风险（Quintini，2011）。不是所有的年轻人都能顺利完成从学校到职场的过渡。那些没能圆满完成过渡的人可以分为两类。第一类群体是"留守青年"（left behind youth）：他们没有证书或文凭，来自偏远的地区或农村，并且（或者）属于少数弱势群体，如移民（OECD，2010b）。由于他们中的许多人年龄在15~29岁之间，他们可能被归入所谓的"啃老族"（neither in employment, nor in education or training，简称为NEET），即不上学、不工作、不参加就业培训的人。第二类是"不能很好地融入就业市场的新求职者"。尽管他们拥有某项资质，但最终也只能找到临时性的工作，即便遇上经济增长，也是在就业和失业间反复跳跃。

总体而言，这场危机表明，青年劳动力市场面临的问题在结构上与教育和培训有关（OECD，2012a）。澳大利亚国家职业教育研究中心（National Centre for Vocational Education Research，简称为NCVER）主任汤姆·卡梅尔（Tom Karmel）表示，"如今，出于对短期（需要让年轻人有效参与）和长期（未来需要技能型人才）的考量，人们对于教育和培训在经济低迷时期的重要性形成了强烈共识"（载 Sweet，2009，p. 3）。在发达经济体中，青年人可以选择继续深造来延迟就业，以期在完成学业后能找到更好的工作（ILO，2012b）。然而，进一步的培训和人力资本开发并不一定会带来更好或更多的就业机会。随着市场的快速变化，培训系统难以跟上市场的节奏，学生往往不具备行业所需的技能（ILO，2012b）。另外，辍学率也是许多国家面临的问题。在这方面，与普通教育项目相比，职业教育项目中的辍学率更高（OECD，2010a）。

关注欧洲青年失业问题

欧洲职业培训发展中心（European Centre for the Development of Vocational Training，简称为 CEDEFOP）的数据显示，尽管年轻人的数量逐渐减少，受教育程度不断提高，但在许多欧洲国家，年轻人正经历着艰难的就业过渡（Cedefop，2013b）：2013 年，有 560 万 15~24 岁的青年失业（Cedefop，2014）。在欧洲，有五分之一的失业青年从未工作过，其中 75% 的人年龄在 35 岁以下。正如欧盟委员会（European Commission，2012c）所述，他们需要被进一步关注和帮助，至少出于以下三个原因：第一，与更年长的成年人相比，他们的情况更加糟糕，而且随着时间的推移会不断恶化。年轻人面临高失业率，并日益受到长期失业和劳动力市场分割的影响。第二，青年失业将有长期的负面影响，诸如未来失业的可能性增加，未来收入水平降低以及工作不稳定的可能性增加等。第三，这些负面影响远远超出了工作范畴，包括健康状况、预期寿命以及参与社会和公民生活等都会受到影响。例如，在波罗的海国家和地中海国家，有陷入贫困的危险，而且一旦陷入贫困，就很难摆脱。昆蒂尼和曼菲蒂（Quintini & Manfredi，2009）讨论了一些经济合作与发展组织成员从教育过渡到就业市场的不同类型。在德国这样的国家，有着规范的劳动力市场和高效的学徒制，大约 80% 的学生都找到了工作。而在另一些国家，虽然有规范的劳动力市场，但由于其正式教育中缺乏工作相关的培训，这种过渡就要复杂得多。意大利和西班牙的情况就是如此。这些国家的雇主倾向于雇用没有经验的年轻人，因为他们的用工成本较低。这就导致了就业市场的分化：一方面，市场上有高薪的长期工作，另一方面，也存在前景不佳、没有保障的不稳定工作（OECD，2010b）。

造成这种情况的其中一个原因就是技能不匹配，这一问题在欧洲随处可见，特别是在地中海国家，30%的青年受到过度教育的影响（Cedefop，2012b）。欧洲中央银行最近的一项分析（European Commission，2012c）表明，技能不匹配与失业相关联，而且之所以会造成技能不匹配，是因为工作需求和供应之间的结构性失衡，而非缺乏地域流动性。换句话说，只要行业能创造足够量的需要高学历和创新型员工的工作岗位，那么高学历的工作者就不会面临资质过剩的问题。很明显，垂直技能不匹配程度较高（资质过剩或资质不足）的国家有一些共同特征（European Commission，2012b）。一是他们的公共教育资金较少。这会削弱他们应对不断变化的劳动力市场需求的能力。另一个特征是，很大一部分利益相关者认为教育和培训体系无法满足行业的需求。最终导致这些国家就业市场僵化，对就业市场项目的投资较少。近几十年来，欧洲的就业市场经历了重塑，主要有以下三个原因（Cedefop，2012a）：第一，科技进步增加了对高技能工作者的需求。第二，去工业化（在发展中国家生产商品）导致了许多非技术性工作在欧洲消失。第三，社会老龄化加剧了技能的快速淘汰。还有一个更深层次的影响因素是发展绿色经济需要新技能。普通高等教育，特别是能够提供行业所需技能的职业教育（Cedefop，2012b），也许能够消除技能上的不匹配。

欧盟委员会有关青年机会的倡议（详见"欧盟2020发展战略"的旗舰计划"青年在流动"）要求成员国实施相关政策，以保证年轻人在毕业后的四个月内获得工作机会。这可能是一份学徒工作，也可能是一次教育机会。"欧盟2020发展战略"（Europe 2020）、"新技能和就业议程"（An Agenda for New Skills and Jobs）和《布鲁日公报》（The Bruges Communiqué）都强调，有必要在年轻人的技能方面投资，使之与行业接轨。此外，这两份文件都强调了职业教育和培训的重要性。在这方面，许多欧盟成员国都在努力为失业者和初入劳动市场的求职者寻找能够将职业教育和劳动力市场服务结合起来的新政策（European Commission，2011）。这些政策背后的逻辑是：失业可以通过提高个人素养、能力、积极性，以及让个人融入（恢复）积极的生活（通常是工作生活）来解决（Costa，2012）。这些政策不仅要求国家采取不同的行动，还号召有意识并积极参与的公民加入进来。参考森提出的能力理论，科斯塔建议，应该从方式（即能动性和实质自由）而非结果（生产效率或收入水平）来判断工作者的行动胜任情况。行动的价值源于可选择的广度。

职业技术教育与培训可以解决青年失业问题

在这种形势下，普通教育，尤其是职业技术教育与培训（technical and vocational education and training，简称为 TVET[①]）在有效地培养年轻人适应瞬息万变的社会方面发挥主要作用。联合国教科文组织（UNESCO）在职业技术教育与培训战略（2012—2015）中承认了职业教育在解决青年失业、社会经济不平等和可持续发展方面的价值（UNESCO-UNEVOC，2014）。根据上海共识：

> 粮食、燃料、金融危机、自然灾害和技术灾难等问题正迫使我们重新审视我们对待人类进步和人类发展主要模式的看法。为此，我们必须将职业技术教育置于一个日益复杂、相互依存和变幻莫测

---

① 当指职业教育时，职业技术教育与培训（TVET）、职业教育和培训（VET）是一组同义词；前者多见于国际文件，而后者常用于英语国家。职业教育是一种为个人从事有偿工作做准备的教育，应与培训加以区分，培训"本质上与日常活动的灌输有关，因此能提升学生的能力，给他们带来自信"（Winch，2013，p. 90），这也是每个人日常生活的一部分。技术教育则为使用一系列技术做准备，这些技术"来源于将科学原理运用于实践的过程"（p. 91）。

的世界中，重新审视当前模式与方法的相关性。

（UNESCO，2012，p. 1）

欧洲职业培训发展中心（Cedefop，2013a，p. 6）认为，职业教育和培训产生了大量"货币和非货币利益，包括工资上涨、就业前景改善、健康状况变好、个人对生活和休闲更加满意；生产效率得到提高，员工对组织的满意度升高；各国经济增长加快，公民参与度提高"。总之，"职业教育和培训所产生的广泛效益体现在其促进经济繁荣和社会融合上的双重作用"（p. 6）。

尽管如此，许多经济合作与发展组织国家却削减了职业教育和培训经费，转而支持普通教育和满足学生进入大学的需要（OECD，2010a）。此外，学生和公众普遍认为职业教育和培训的社会地位低下。职业教育"在历史上一直与那些必须为生计而工作、不参与绅士教育的社会阶层有关"（Winch，2013，p. 93）。温奇（Winch）指出，许多公立学校实际上有"一种学术情结。这些学校认为就业过渡并非其教职员工的当务之急，也不是其重要使命的一部分"（p. 107）。

然而，经济合作与发展组织表示，这一情况可能正在发生变化：

> 各国越发认识到良好的初级职业教育和培训可以为提升经济竞争力做出重要贡献……经济合作与发展组织国家需要在其提供的商品和服务的质量上进行竞争。这就需要一支熟练的劳动力队伍，他们除了要有与大学教育相关的高级技能外，还要具备一套中级职业、技术和专业技能。而这些技能往往都是由职业课程所提供的。
>
> （OECD，2010a，p. 9）

人们认为，一些国家（如德国）在解决青年失业问题上做得很好，得益于其为学生们提供了从学校到工作的有效过渡（Quintini，2012；Quintini & Manfredi，2009），而这正是由它们的职业教育和培训以及学徒制带来的。伊安内里和拉菲（Iannelli & Raffe，2007）认为，基于职业教育和培训与就业之间的关联强度，存在两类理想的过渡系统，分别对应"就业逻辑"和"教育逻辑"。在强关联系统中，就业逻辑占主导地位：职业教育与劳动力市场联系紧密，而与教育体系联系松散。另外，在教育逻辑占主导的国家，职业教育与行业联系松散，与为大学做准备的中等教育差别较小，毕业后允许学生进入大学。例如，荷兰和德语国家采用的是就业逻辑，而苏格兰，据称还有意大利和澳大利亚，则使用教育逻辑。伊安内里和拉菲研究两类过渡系统中哪一类具有最佳的"职业效应"，哪一类决定了最成功的就业过渡。他们发现，在以就业逻辑为特征的国家，职业效应更强。

　　然而，我们不能仅因为职业技术教育与培训有利于学生从学校到工作的过渡，就认为其至关重要。在这方面，蒂克利（Tikly，2013）建议从人类能力和社会公正视角重新定义职业教育及其发展。职业技术教育与培训诞生于美国和欧洲的工业革命时期，其间发挥着工具性功能，即为工业提供必要的熟练劳动力。人力资本基本理论将国内生产总值（GDP）视为发展的基本指标。而联合国教科文组织则将可持续发展作为其主导方针，即发展应满足当代人的需要，又不损害子孙后代的利益。然而，如此模糊的概念可能会带来自上而下的指令性解决方案，而非情境化和包容性的解决方案。而森和努斯鲍姆（Nussbaum，2003；Sen，1999）能力理论的隐含假设即是维护社会公正。能力的核心思想是"能动性自由"，即人们可以采取行动来触发其认为有价值的变化。这一能动性的概念影响了职业技术教育与培训的建构和评估方式。职业技术教育与培训最重要的作用在于增强自主性、提高做选择的能力，而不仅仅是为个人提供学习资源。此外，能力理论暗示，"道德义务需要与不同背景下个体和共同体的经历和价值观相关联，并且只能通过不同层面的充分知情的公众对话过程来实现"（Tikly，2013，p. 20）。从这个角度来看，森所主张的能力可以被视作教育权利的伦理基础，其中蕴含着各种机会的实现，而不是只关注基本权益的供给。

意大利和澳大利亚职业教育和培训的不足之处

在意大利，中等教育由高中（文法学校）、技术学院和职业学院提供。其中，高中（liceo）旨在为学生接受高等教育做准备，而后两者则提供职业教育。技术学院（istituti tecnici）专门培养从事各种专业化职业的技术人员（如从事工业、商业或调查等工作），而职业学院（istituti professionali）则教授较为低级的技能（Polesel，2006）。

自 2010 年以来，意大利政府对职业教育进行了一系列改革，改革措施正得到逐步实施。这些改革旨在加强工作和教育之间的联系。改革的目标之一就是为当地工业提供所需的技能型人才，进而促进工业繁荣，创造更多的就业机会和财富。此外，这种技能匹配也旨在解决青年失业问题。例如，技术学院将开展更多的研讨会，提高培训的自主性和灵活性。学校也需要将工作体验纳入教学，这样学生就可以交替进行学习和工作。此外，地方工业、商会和工会等不同的利益相关方需要更多地参与技术学院和职业学院的决策过程（Gentili，2012a）。然而，上述改革措施还远远不够，最近意大利工业协会（Confindustria）就改善意大利教育体制提出了 100 条建议（Confindustria，2014）。该文件指出，只有改进教育体制，才能帮助意大利走出经济衰退和青年失业的泥潭。

谈到职业教育，金蒂利（Gentili，2012b）能够证明意大利国内生产总值的增长与技术课程的注册人数之间存在正相关关系。这表明熟练的技术人员是意大利竞争力和财富的支撑。然而，许多学者认为，自 20 世纪 80 年代以来，技术学院早已与企业界失去了联系，因此变得自说自话（Aprea，2012；Benadusi，2011b；Bertagna，2010；Gentili，2011；Salatin，2011）。例如，2011 年，在 100 个最受欢迎的行业中，有 16 个缺乏熟练技术人员（Mauriello & Pini，2012）。同年，埃克塞尔西奥（Excelsior）报告（转引自 Ugolini，2012）显示，意大利企业总共缺少 11.7 万技术人员。与此同时，所谓的啃老族（既不参加就业培训也不找工作的年轻人）的数量却是欧洲平均水平的两倍之多，2011 年达到峰值，为 22.7%（Cnel & Istat，2013）。总之，意大利一方面缺乏熟练的技术人员，另一方面青年失业水平高得惊人（Fumagalli，2012；Mengoni，2012）。大量研究一致认为这种不匹配是造成意大利经济衰退的主要原因之一（Bertagna，2010；Bianchi，2012；Bulgarelli，Centra & Mereu，2012；Roma，2012）。的确，"意大利制造"（made in Italy）这一标语曾经代表了当地的专有技术水平，其主要依赖于小型企业和手工作坊（Benadusi，2016）。

这种不匹配根植于 1923 年的秦梯利教育改革（Gentile's school reform）所产生的一种理想主义的文化偏见，这种偏见将脑力工作与体力工作对立起来（Gentili，2013）。人们认为，文化和工作这两者是分开的，相较之下文化处于次要地位（Bertagna，2010）。因此，有必要对学校课程做出重大调整，消除这一偏见，不仅要让课程和削减开支变得更加合理，更要关注研究、教学法以及工作的教育价值之间的联系（Costa，2011）。伯塔格纳（Bertagna，2011）提出了一个可行的办法，就是强制要求每名学生参加从事某种形式的体力劳动（涉及工作体验、研讨会和学徒），不管他们愿意接受普通教育还是职业教育和培训，不管他们在高中毕业后是上大学还是找工作。这必须在高中阶段完成，因为积极的工作态度只能在 16 岁之前形成。温奇（Winch，2013）也认为，

> 木工、金工和陶艺等科目促进了个人的全面发展，同时也提升了学生的技能、自制力和敏锐度，这将对他们以后的职业培训和工作大有裨益（p. 113）。

在澳大利亚，职业教育由学校、注册培训机构（Registered Training Organisations，简称为 RTO）以及技术与继续教育（Technical and Further Education，简称为 TAFE）学院提供。一般来说，联邦政府因其财政拨款而有权决定各州和各领地的教育方案。不过，各州和各领地在政策制定中仍然发挥着重要作用，尤其表现在技术与继续教育学院和公

立学校方面。克拉特和波莱塞尔（Klatt & Polesel，2013）认为联邦制就是一个"自上而下、自下而上和横向的三维合作模式"（p. 76）。自上而下的运动代表联邦政府在教育共享政治活动中所起的领导作用；自下而上的运动代表联邦和各州之间的合作，其中各州占主导；横向运动代表无联邦政府代表参与的各州之间的合作。

近年来，学校职业教育和培训（VET in Schools，简称为 VETiS）的入学率大幅上升，90% 以上的学校都能提供某种形式的职业教育（Clarke & Volkoff，2012）。参加学校职业教育和培训课程的学生在公立学校更常见。总体而言，澳大利亚的劳动力市场和教育途径一样，呈现出分散性特征（Wheelahan et al.，2012）。一些教育领域与行业联系紧密，如卫生、电气贸易和工程，所以它们有相对强大的教育途径。而金融和农业等领域与行业的联系较弱，所以教育途径也相对零散。因此，在澳大利亚，教育逻辑与就业逻辑共存，而最终哪种逻辑占主导则取决于所在的行业部门。但不管怎样，整个职业教育都面临一个共同临界值，那就是，据估计只有 37% 的职业教育和培训毕业生最终会在其专业学习相关领域的工作（Wheelahan，Moodie & Buchanan，2012）。尽管职业教育变得越来越受欢迎，但人们普遍认为其教学质量不高，其生源比例多为社会经济地位处于劣势的学生，因此对于民主化并无助益（Polesel，2008）。最近，澳大利亚中等教育改革将焦点放在了职业教育和培训上，旨在提高学生到 12 年级的保留率，并提供有效培训以满足行业技能需求。然而，职业教育和培训课程的参与者主要仍是成绩不佳和社会经济情况较差的学生，继续教育和培训或就业的通道仍然很狭窄（Clarke & Polesel，2013），就业市场的门槛也不断提升，呈现出从一级证书向三级证书上浮的趋势（Moodie，Fredman，Bexley & Wheelahan，2013）。

由于参加学校职业教育和培训课程的学生取得的资格认证主要是基础二级证书（54%）或一级证书（38%）（Clarke & Volkoff，2012），行业并不认为拥有这些资格认证的学生能够适应工作需要，此类课程的主要缺陷还是缺乏工作体验（Clarke，2012b）。这是由于以学校为基础的入门级职业课程(尤其是一级证书和二级证书)与工作之间联系薄弱。如何将职业教育与学校学科相结合是学校职业教育和培训发展的另一个难题(Clarke,2013)。结果表明,学校的职业教育往往无法帮助学生顺利过渡到就业市场和全职就业,最终他们只能从事临时工作和低技能职业(Clarke,2012a)。相比之下,三级或以上资格证书(通常由技术与继续教育学院提供,而非学校)能够让学生更好地过渡到工作,特别是在那些受监管的行业。这是因为他们提供了行业工作体验,而这一点非常重要。为此,克拉克(Clarke,2013)提出重新定义学校职业教育和培训,它应该为毕业后获得四级证书和文凭提供更明确的途径,而不是以直接就业为目标。然而,即使为所有的高职学生提供实习工作(这往往很难做到),工作场所也并不都能够提供恰当的实践教学(Wheelahan et al.,2012)。这些实习工作的质量不一,有些非常好,而有些则很糟糕。例如,可能会遇到这样一个问题,即雇主有时并不理解学习的本质。

还有人认为,澳大利亚职业培训的技能范畴过于狭隘(Wheelahan & Moodie,2011)。按照原子学派的理论,职业课程由许多素养单元组成,而每个素养单元都包括特定工作岗位所需的微观技能。他们认为,技能是脱离文化和社会环境而存在的,因此素养也不具有互动性。职业课程往往侧重于当前职位所需的技能,因此强调传统。他们不关注人的全面发展,不鼓励在工作和生活中培养学生的自主性、决策能力、创造力和创新能力。第二章将对澳大利亚职业教育和培训中的素养学派和意大利的素养学派进行更详细的评论。

为什么创业很重要?

本研究旨在考察创业在职业课程中的作用,通过关注创业素养的发展,从而解决前文所提到的年轻人正面临的社会和经济难题。

创业应作为职业教育和培训的核心组成部分。如关于职业技术教育与培训的上海共识所述,"鉴于青年失业和弱势群体就业的规模,有必要开展创业教育，帮助学生顺利完成从学校到工作的过渡"（UNESCO，2012，p. 4）。

总体而言，全社会形成了一种共识，即创业是变全球化挑战为机遇的关键："如今大多数评论家都认为，创业精神是共同体成功克服全球变化所带来的困难的主要因素之一。"（Bahri & Haftendorn，2006，p. IX）著名学者吉布（Gibb）认为，创业模式"可以被视为组织和个人应对不确定性和复杂性的核心手段，也可以被视为他们创造和发展的机制"（Gibb & Hannon，2005，p. 4）。同样，世界经济论坛（World Economic Forum）也表示，"创新和创业为解决 21 世纪的全球性挑战、推动可持续发展、创造就业机会、实现新的经济增长和促进人类福祉指明了一条前进的道路"（Volkmann et al.，2009，p. 12）。经济合作与发展组织（OECD，2010c）也建议：

> 我们需要新的战略和工具来应对来自全球、国家和地区层面的空前挑战……经济全球化带来了改善生活条件的机会，同时也带来了大量而持续的重组和变革……竞争不断加剧，因此，所有地区都不得不更加积极地参与创新。（p. 186）

各国政府正在逐渐减少其对社会的参与："在流动资本时代，政府增税能力下降，同时社会动荡加剧，劳动力市场流动性增强，这些都增加了福利国家的压力，从而造成福利紧缩。"（OECD，2010c，p. 31）由此产生的一个结果就是，福利国家正在逐步向"工作福利制"国家（"workfare" states）或最近兴起的"学习福利制"国家（"learnfare" states）转型（见 Lodigiani，2008；Margiotta，2013）。这些新模式必然要求更积极地参与如下领域：就业市场；职业生涯的界定；服务规划和供应（Costa，2012）。越来越多的政府希望其公民提出创新方案以促进社会的进步和福祉。例如，在全球创业监测（Global Entrepreneurship Monitor）倡议中（Martínez et al.，2010），政府已经开始意识到，鼓励个人、组织和利益相关者抓住机遇、开拓商机对经济增长和社会进步至关重要。联合国教科文组织还将创业精神视为"推动社会、政府和文化领域进步的永恒驱动力"（Bahri & Haftendorn，2006，p. 2）。同样，欧洲职业培训发展中心（Cedefop，2011）认为，"通过鼓励人们带着创业精神去面对工作中的挑战和不确定性，未来将会出现一批独立且有创造力的欧洲经济思考者，他们能够'另辟蹊径'，应对挑战，适应变化"（p. 20）。最后，沃克曼等人（Volkmann et al.，2009）主张，"只有创造一个创业精神竞相迸发、创业者敢于尝试新思想并为他人赋能的新环境，世界上的很多问题才能得到解决"。按照马丁内斯等人的说法（Martínez et al.，2010），一个国家的创业精神和创新的素质和规模（质和量）是一种竞争优势。国家根据其所处的经济发展水平及随之而来的创业政策和教育需求可分为三种形态。第一种形态，自然资源丰富，采矿或采掘类活动频繁，政府政策为创业想法具体化提供了基础（如法律或基础设施）。第二种形态中，随着一国经济的发展，劳动力成本增加，廉价劳动力不再是竞争力的来源。最终，需求驱动的创业减少了，政府政策开始直接鼓励创业，国家就进入了第三种形态。那些最发达的国家就是如此，它们无法再依赖廉价劳动力，而需要依靠创新参与竞争。在这一层面上，公民需要创业教育，将想法付诸行动，为经济繁荣做贡献。

　　然而，要谨记，创业虽然是经济增长的一个要素，但它不会自动转化为人类的发展（Gries & Naudé，2011）。依据森的能力理论，收入和财富（以及技术和经济增长）只是人类发展的一部分表现，而其更关心的是扩大个体的积极自由。实际上，在定义创业时，"积极"这一形容词也同样适用，即识别和利用积极的机会，"因为许多人在伺机谋利上表现出极大的主动性和创造性，这非但不能促进发展，甚至会造成破坏性后果"（Gries & Naudé，2011，p. 217）。此外，"犯罪、腐败或寻租可能会给个人带来物质上的回报，但我们不认为这种行为能增进个人或社会福祉"（p. 217）。按照森的理论，可行能力是指个人实现某种特定功能的能力。而功能则被定义为"构成人类福祉的有价值的活动和状态"（Alkire，2005，转引自 Gries & Naudé，2011，p. 217）。换言之，"能力是人们可以自在而为，而功能是人们实际而为"（Anand et al.，2009，转引自 Gries & Naudé，2011，p. 217）。创业可以被视为一种潜在的功能。因此，它的价值不仅体现在经济利益上，还在于它能提供"一种成就感、认同感和被接受感，带来独立性和新的生活方式"（Gries & Naudé，2011，p. 217）。然而，创业只有在发挥潜在功能时（即有其他选择时）才有价值。如果一个人因为在劳动力市场找不到任何工作而不得不去开公司，那么这个人就不具有能动性，其创业也就没有任何价值。根据格里斯和诺德的观点（Gries & Naudé，2011），创业不应仅仅被当作获取经济利益的机会，而应被视为个人创建新公司从而追求自己理想生活的机会。

根据森的能力理论，在商业领域外，一个新的创业维度正在显现：

> 创业的真正含义远远超出了创办和经营企业的范畴。创业者本质上是有创意的人，他们抓住机会，针对未满足的需求提供新的产品或服务，用新颖或更有效的方式开展现有的活动，从而为社会创造价值或福祉。
>
> （Bahri & Haftendorn，2006，p. 5）

因此，将创业课程与经济学课程分开是明智的，因为"很少有商业课程假设学生是创意的创造者、企业的创办者和 / 或所有者"（p. 21）。类似地，吉布（Gibb，2002，p. 251）也呼吁我们"将创业从经济学的桎梏中解放出来，脱离熊彼特（Schumpeter）等人的元理论模型（meta theoretical models），而将其置于一个以更加多元和扩散的社会观念为基础的更广泛的跨学科背景下"。这一超越经济的现象主要表现在三个方向：社会、公共或政治、道德或法规空间（Cárdenas Gutiérrez & Bernal Guerrero，2011）。

文献中可以找到三种不同的创业学派（Kyro，2006）。第一种学派是创建实体派，主张机会识别和创新。它将创业视为创办新企业，关注点在于人的行为（而不是人本身）。第二种学派也称作个体取向派，它关注的是如何培养个体创业技能。第三种方式是文化派。该学派认为，有两个历史时期的创业水平特别高，这两个时期都强调自由、创造新实践和社会转型。第一个时期是工业化初期，第二个时期开始于20世纪70年代。根据森的能力理论，第三种广义的文化学派的本质是自由主义、发展和民主。按照这一理论视角，我们可以从个人和集体两个维度思考创业教育：最重要的是，它展示了这两个维度之间是如何相互联系的（Kyro，2006，p. 70）。

新的创业形式正在出现，如促进社会包容的创业，即"通过让更多的人，尤其是处于社会边缘地位的人，如贫困人口、妇女（在很多情况下）、少数群体、残疾人和弱势群体，积极参与生产性的经济活动来寻求经济增长"（Volkmann et al.，2009，p. 9）。这有利于"自我雇佣，创办或发展小微企业，以及在社会使命的驱动下使用商业方法经营社会企业"（Rodríguez，2009，p. 1）。实际上，无论是在私营单位还是在公共部门，那些创业所需的品质同样也是在知识经济中取得成功的必要条件。当然，不是每个人都需要成为创业者，但社会中的每个人都需要更具创业精神，尤其是年轻人，因为他们需要具备给自己创造就业机会的能力：

> 现在比以往任何时候都更需要让年轻人积极参与寻找创新性的解决方案，增进社会福祉，同时不以破坏自然资源为代价为集体繁荣做出贡献。智力应该包括设想多种未来的能力以及用多种方法解决开放式问题的能力。
>
> （Bahri & Haftendorn，2006，p. 18）

在文献中我们还发现这样一个问题：创业者究竟是天生的还是后天习得的？有人认为一些人生来就有创业基因，例如史蒂夫·乔布斯（Steve Jobs）和比尔·盖茨（Bill Gates），他们都辍学创业。研究还表明，父母是创业者，他们的孩子更有可能成为创业者（Volkmann et al.，2009）。尽管如此，发展创业教育至少有三个理由（Kyro，2006）。首先，人们已经认识到，创造新就业机会的往往是小公司，而不是大公司。其次，心理学研究未能发现与创业相关的人格特质（Martínez et al.，2010），也就是说，创业更多地关乎教育，而不是个人特质。最后，文化在公司发展和创业行为方面发挥着重要作用。一些文化似乎比其他文化更能促进创业行为。在有些社会中，人们对安全感的需求非常强烈，个人更愿意在公司谋个职位，而不愿创业。创业可能是出于需要，抑或是出于个人选择。前者通常受到尊重，而后者往往受到家人的劝阻（Badawi，2013）。不管怎样，研究表明，当你将创业技能和创造力融入教学方法时，你就在传授与创业"艺术"相关的素养（World Bank，2014）。

不幸的是，许多研究者认为，主动性和创业素养在学校受到忽视甚至是压制。例如，沃克曼等人（Volkmann et al.，2009）声称，"大多数国家的大众教育结构和提供方式往往阻碍或扼杀了年轻人天生的创业热情"，而且"各国已经开始认识到其教育制度的缺陷——一味向年轻人强调应对经济机会，而未能教会其创造经济机会"（p. 25）。欧洲职业培训发展中心（Cedefop，2011）认为，迄今为止，教育的最终目标是培养能够为公共管理领域的大公司工作的工作者：因此，教育针对的是获得工作所需的技能，而并非促进自我雇佣和创业。

然而，最近越来越多的人认为，小学可以而且应该教授创业课程，如培养学生更具创造力和灵活性。沃克曼等人（Volkmann et al.，2009）认为每个人都有创业潜能，因为"冒险、识别机会、竞争性合作以及创新是人类的共同特征，也是自我表达的一个重要方面"（p. 25）。"事实性知识的实用性正在减弱，人们更加需要学习如何获取、分析和利用信息并将其转化为新知识。"在这样一个创业范式下，有必要重新思考教育（Bahri & Haftendorn，2006，p. 18）。此外，欧洲职业培训发展中心（Cedefop，2011）认为，创业教学法"通常采用互动和体验方法，要求学生主动参与基于情景实战的学习过程"（p. 55）。还有证据表明，创业教育可以帮助那些存在辍学风险或有学习障碍的学生："创业教育通过解放学生的天性，使用互动、体验式的教学和学习形式，将课堂与工作场所联系起来，可能有助于把学生留在学校。"（Volkmann et al., 2009，p. 25）同样，有证据表明，"成绩不佳的学生依然可以在小公司的项目中脱颖而出，在销售等实际任务中取得成功"（Cedefop，2011，p. 14）。

创业在中学教育中尤为重要，因为在这一阶段学生开始"决定如何调配他们的才能、技能和精力，学着承担成人的责任，为进入职场做准备"（Bahri & Haftendorn，2006，p. 17）。巴赫里（Bahri）和哈夫顿多恩（Haftendorn）认为，出于各种原因，创业教育可以提升中学教育的质量。首先，它与政府的许多教育目标相一致。其次，它涉及教育过程的很多方面，如思考和行动。再次，它提供了一种创造性学习体验。最后，它承认了个体差异性，还促进了跨学科的教学进步和对于意义的研究，即学科如何与日常生活相关联。它还促进教育上的成功和从学校到工作的过渡。这得益于当地企业直接参与了该计划。创业教育预期达到的效果包括"增强动机、促进学习、发展创造力、充满自信地面对学校生活的各个方面以及规划中学毕业后的人生道路（工作或其他方面）"（Bahri & Haftendorn，2006，p. Ⅵ）。尽管关于创业的研究数量庞大，但真正有教育意义的却很少。这是由于创业长期以来被看作一个与个人和商业相关的话题，而不是一个集体和教育的话题（Kyro，2006）。因此，有必要构建新型的教育模式，传达创业是一种集体现象的观念。

下一节将关注职业教育中的创业，对职业教育学生而言，完成学业后自我雇佣是一个合适的选择。

从革新实验室研讨会看职业教育和培训中的创业教学

职业教育和培训的学生应该准备好迎接各种各样的工作生活：成为雇员；在合作社工作；自我雇佣和创业；从事家庭和社会工作以及志愿服务。本文认为，通过创业教育，高职毕业生能够拥有更多的就业机会。相比于普通教育，各级教育中的职业技术教育与培训和创业教育（entrepreneurship education，简称为 EPE）之间有更多的共同点：

第一，职业技术教育与培训利用各种规模的企业来帮助培训学生和实习生。这种真实经历能够帮助他们了解创业的现实，将自我雇佣列为可行的就业选择。第二，一些职业技术教育与培训课程提供培训的行业特别适合自我雇佣和创办中小企业。第三，很多职业技术教育与培训的课程和活动包含了一些创业教育的核心技能，如团队协作能力、解决问题的能力和创新思维。……基于上述原因以及很多其他原因，创业教育对职业技术教育与培训的学生、实习生至关重要，对他们的老师和其他教育人员也同样重要。

（Badawi，2013，p. 288）

创业是核心素养之一，"与职业教育和培训中对口的很多职业高度相关，而在传统职业培训中却经常被忽视"（OECD，2010a，p. 67）。例如，欧洲职业教育和培训中的创业教学存在许多亟待弥补的不足（European Commission，2009）：

1. 欧洲职业教育和培训体系中并不是所有部分都包含创业教育；
2. 学生参与度有限；
3. 教学方法往往效果不佳；
4. 教师们觉得自己不能完全胜任创业教学；
5. 创业不与具体培训科目或专业相关；
6. 商业人士没有充分参与其中；
7. 创业实践要素缺失。

因此，职业教育和培训面临的一个重大挑战就是要找到能够教授创业行为的教师，为有兴趣创业的学生提供指导（Eurostat，2012）。

一些学者还认为，职业教育和培训引发的创业可能有助于拉动偏远地区和郊区的经济增长（Garlick, Taylor & Plummer，2007）。澳大利亚政府此前采取了一系列推动偏远地区和郊区经济增长的举措，但由于疏于考虑诸如全球资本主义、区域经济活力或行业间关系等现象，均以失败告终。另外，创业型的人力资本是区域扩张的主要因素。在这方面，职业教育和培训可以通过与当地企业建立联系，在培养创业素养上发挥关键作用。

创业的一个关键因素是创新。毫无疑问，创新在中小企业的成功和可持续发展方面发挥着关键作用，它并不一定只来自创业者，也可能来自公司员工。创新不只是以一种不同的方式去尝试新事物，它还意味着为商业运作增加价值，给社会带来福祉（Dawe，2004）。职业教育和培训与中小企业携手共进，从三个方面很好地支持彼此的进程和发展（Curtin & Stanwick，2011）。首先，职业教育可以教授学生基础性的通用技能，如创造力和自主性。此外，职业教育还可以通过教授学生最新的行业核心技能，培养其成为创新的推动者。最后，职业教育本身可以成为生产系统的一部分。这样一来，职业教育有助于推动整个行业的创新。此外，职业技术教育与培训的毕业生常常可以进入高科技中小企业工作（Badawi，2013）。澳大利亚的研究中也有一些证据表明，与其他教育类型的毕业生相比，更多来自职业技术教育与培训的毕业生成立了中小企业（Atkinson，2011）。

托纳（Toner，2011）描述了两种类型的创新。第一种是突破性创新，是政府重大投资的成果；它会导致技术、经济或社会环境发生重大改变。第二种是渐进式创新，可以看作对现有过程或产品进行微小改变的结果。托纳认为后者是生产率增长的主要贡献者。在这方面，自早期移民来到澳大利亚以来，职业教育为使现有设备适应澳大利亚的环境做出了重大贡献（Pickersgill，in Curtin & Stanwick，2011）。自那时起，具有技术背景的人在渐进式的创新过程中发挥着至关重要的作用。奥德斯（Audretsch，2003）也认为，主要由大公司进行的研发（R&D）并不是如今最重要的创新来源。创新大多来自中小企业，它们的强项在于能够改变其他公司提出的想法：有时也被称为知识溢出。在这种背景下，"创业由于作为一种核心机制而在知识经济中展现出新的价值，通过这种机制，一个组织创造的知识在一个新企业中实现商业化"（p. 10）。

然而，这一创新概念应该受到质疑，因为它本该被视为独立于科学发现的存在，是一个持续的学习过程（Dawe，2004）。托马塞洛（Tomasello，1999）在关于人类认知的文化起源一书中认为，文化学习是一种依靠社会合作产生创新的强大机制：许多个体共同创造了任何个体都无法单独创造的东西。在这方面，文化历史活动理论中的第三代活动理论以创新和创业行为为研究对象，将其看作一种发生在组织内部和组织之间的拓展性学习过程。文化历史活动理论很有用，不仅是因为它将研究范围从个体扩大到了活动系统，将创业视作一种集体现象进行研究；同时也因为需要某种触发事件来将创业精神注入个体。换言之，干预不能仅停留在描述阶段，研究创业需要一套积极的干预主义的理论和方法。活动理论"作为一种在实践中发展的积极理论，其源头可追溯到马克思的革命实践思想，它强调理论不仅是为了分析和解释世界，更是为了产生新的实践和促进变革"（Sannino，2011a，p. 580）。在文化历史活动理论的框架中，革新实验室研讨会是一种旨在通过集体讨论个体面临的问题来改变社会实践的方法（Virkkunen & Newnham，2013）。

关于本研究

如本章所述，创业不仅仅是创办和经营一家企业。它关乎创造一种思维，这种思维能够帮助学生和未来的公民在其即将从事的各种活动中始终保持进取精神，无论在家庭、工作场所抑或是在社会生活中。本研究试图在两个经济合作与发展组织经济体（意大利和澳大利亚）的职业教育和培训体系中测试一种创业教育新方法（革新实验室）的有效性。在澳大利亚，本研究的重点关注儿童保育方面的学校职业教育和培训三级证书。该证书于一年内取得，每周需要投入两天时间：学生们一天去学校上有关儿童保育的理论课，另一天去儿童保育中心当学徒。在意大利，我们重点关注的是建筑测量方面的中专文凭。该课程为期五年。本研究为一组五年级（Grade V）学生提供了两个月的街区工作体验。从文化历史活动理论框架来看，学生在从学校迈向工作岗位的过程中成为"跨边界者"（boundary crossers）。跨边界是有关专业技能研究的一个新维度，在此可能会产生创新："专家们面临的挑战是，如何协商和组合不同背景的要素，达成混合的解决方案。"（Engestrom，Engestrom & Karkkainen，1995，p. 316）换言之，通过转变观念（从学校到工作中或从工作到学校），学生能够增强主动性和创新性，从而变得具有创业素养。由来自学校和工作场所的代表（教师和工作导师）组成的革新实验室激发了不同参与者之间的辩证逻辑。革新实验室能激发学生的主动性和创业素养，使其通过寻找新思路，最终解决从学校到工作环境以及从工作环境到学校的转换中所遇到的问题。

　　下一章将针对学习的社会文化框架进行深入研究，重点关注学校和工作中的学习以及革新实验室的相关理论和实践。

第二章 在学校和工作中学习

传统意义上的学习通常指正规教育，而如今人们普遍认为学习也发生在工作场所中。人们也普遍认同学习所处的社会文化环境的重要性（Tynjala，2008）。斯发德（Sfard，1998）使用了两个隐喻——习得和参与——来说明研究者对"人们如何学习"这一概念的理解。第一个隐喻将上述概念看作知识的基本单位，通过不断积累、完善和结合，形成一个更为丰富的认知框架（Sfard，1998，p. 5）。第二个隐喻"学习即参与"可以看作成为某个特定群体成员的过程（p. 6）。同样，莱夫和温格（Lave & Wenger，1991）提出的"合法边缘性参与理论"也强调，个体可以通过参与共同体的实践，从而学习其中蕴含的知识。斯发德（Sfard，1998）认为，尽管这两种学习方式截然不同，但两者缺一不可，因为它们包含了不同种类的学习内容或过程。第一个隐喻可能更适用于学校场景中的学习，而第二个隐喻似乎更适用于工作场景中的学习。现代素养的概念试图将来自各种环境中的不同学习资源整合起来。

素养的概念

教育学家面临的一个最具争议的话题是素养概念的多变性和多义性（Margiotta，2009）。素养表现为学习与工作之间、个人存在与职业生涯之间的联系（Tessaro，2012）。而如今，它不再表示劳动者和其所在的组织环境之间的交流，而是作为劳动者与其自由选择能力之间的一种意义联结（Sen，1999）。这种能力理论将行动自由转化为实现个人价值的自由，从而彰显了素养的价值（Costa，2012）。

在过去的 20 年里，素养已经变成了教育领域的关键词，并取代了许多其他的术语，例如技能（skills）和知识（knowledge），这是因为在快速变化的社会中，

> 个人、公司、组织和国家正不断面临着新挑战、新情形、新问题，即便是高水平的知识与技能也不足以应对。为此，我们必须要将个人奋斗与集体努力相结合、随机应变、高瞻远瞩、乐于助人、积极合作，以适应新的发展形势和不断变化的需求。
>
> （Illeris，2009a，p. 1）

科斯塔（Costa，2011）指出，近来素养这一概念受到极大重视，原因有很多。第一，劳动变得更具知识含量，与体力操作相关的方面越来越少。第二，非物质层面的劳动日益重要，例如维护内外部关系、沟通交流、承担个人责任以及共同的公司价值观等。第三，人们在公司内部或在劳动力市场上的流动性增强。第四，基于应用指令的学习无法塑造劳动者解决问题、采取灵活而自主的行动以及调动知识应对复杂状况的思维方式。

关于素养的不同研究取向

在进一步分析素养这一概念之前，明确一些术语的定义将对接下来的分析有所帮助。例如知识（knowledge）和技能（skills），它们有时会被用作素的同义词，有时又会被用作其构成要素。知识是某一特定领域内事实、步骤、原则和理论的抽象表征（Cinquepalmi，2011），不应与理解力混为一谈，因为再现信息的能力并不一定等同于理解力，理解力是人们在面对一个新的、富有挑战的情况时调动知识所需的能力。而技能则与心理过程有关，包括解决问题、推理、分析和综合的过程，能够帮助人们掌握知识（Cinquepalmi，2011）。技能是内在的心理过程，不应与可观察的行为混为一谈，可观察的行为往往用来检验技能水平。

从里兴和萨尔加尼克（Rychen & Salganik，2001）以及桑德伯格（Sandberg，2000）的研究中，我们可以分辨出三种主流的素养研究取向：理性主义取向、整体主义取向以及解释主义取向。

有关工作组织的理性主义研究取向形成于素养理论之前，并为其提供了基础。该取向可追溯到泰勒（Taylor）及其所提倡的"科学劳动组织"（scientific organization of labour）理论。戴维·麦克利兰（David McClelland）是一位美国心理学家，也是麦克伯顾问公司（Hay-McBear）（一家专门从事素养评估的公司）的创始人，他首次在行业内使用了这一术语。在一篇题为《测试素养而非智力》（"Testing for competence rather than intelligence"）的著名文章中，麦克利兰（McClelland，1973）指出，智商测试和学校成绩无法预测工作绩效。因此，在招聘和职业晋升方面，使用素养作为考核依据更为合适，因为其不仅和智商或习惯有关，也和一系列有组织的认知行为因素有关，而这些因素直接影响工作绩效。麦克利兰的两名学生，博亚特兹和小克莱姆普（Boyatzis，1982，2008；Klemp Jr，1980）将素养定义为在某种情境下与高效或优异的工作绩效有因果联系的一种典型内在特征，并可用一套预先设定好的标准来衡量。斯潘塞（Spencer，1993）进一步提出，素养可以看作拥有五大特征的冰山模型：动机、特质、自我形象、特定领域的知识和技能。这些特征可以分成两类：知识与技能是冰山一角，因为它们相对容易通过培训得到提升；其他特征则位于水面以下，深植于一个人的性格特质，需要更多努力才能改变。

在理性主义研究取向看来，"素养由劳动者在完成工作时所使用的一组具体的特质构成。因此，那些在完成某项工作时表现出更高素养的劳动者就会被视为拥有一组更优异的特质"（Sandberg，2000，p. 11）。理性主义研究取向认为，个体和世界是两个相互独立的实体，客观现实不以人的意志为转移；工作是独立于劳动者而存在的客观实体。这些理论很实用，基于此发展而来的绩效标准、测量模型、素养指标以及职务简介都得到了广泛应用。

第二个素养研究取向是整体主义取向。与理性主义取向类似，它将素养看作一组个人特质。有所不同的是，它更关注素养的全局性和复杂性，而不仅关注工作表现，还包括典型的生活场景。

勒博特夫（Le Boterf，2011）提出的素养模型是该取向的一个范例，他把素养看作各类资源的恰当组合。里兴和萨尔加尼克（Rychen & Salganik，2011）则提出了另一类整体主义取向，该取向为"素养的界定与遴选：理论和概念基础"（DeSeCo）项目奠定了基础。自 20 世纪 20 年代以来，经济合作与发展组织资助了许多旨在界定素养的项目，这些项目汇聚到一起，形成了 DeSeCo 项目（OECD，2005；Salganik & Rychen，2003）。经济合作与发展组织重点关注其成员如何使公民有能力应对（甚至于塑造）全球化和不断的变革。为解决这一问题，经济合作与发展组织致力于识别核心素养，并将其分为三大类：交互使用工具的素养，在异质群体中与他人互动的素养以及自主行动的素养。这三大类素养可以根据不同情景生成不同的组合方式。

德洛尔（Delors，1998）在提交给联合国教科文组织的一份著名的报告《教育——财富蕴藏其中》（"Learning：The treasure within"）中提出了教育的四大支柱，即学会求知、学会做事、学会共处、学会生存，这四大支柱为经济合作与发展组织核心素养的界定奠定了基础。DeSeCo 项目的成果则构成了整体主义取向下素养概念的雏形，因为它将复杂需求和先决社会心理条件结合在一起，形成了一个能够实现高效工作的复杂系统。里兴和萨尔加尼克提出的模型包含了"终身学习与学习型社会，在学习型社会中，学校和工作、学科和工作表现、学校的学术成就和工作素养之间联系紧密"（Han，2009，p. 65）。

这些取向皆以现象学认识论为基础，假设人与世界经由经验紧密相连。素养并非源于劳动者和工作这两个独立实体的碰撞，而是通过劳动者经验获得的工作意义组成一个独立的实体。对于一个人的素养发展而言，自学和从经验中学习的能力至关重要。转变观念和重新定义问题的能力往往比单纯地积累知识或技能更为重要。下一节将分析社会文化领域中有关专业技能的研究，这也为解释主义取向提供了范例。

关于专业技能的社会文化研究

在美国，素养还有一个非常流行的代名词，那就是专业技能（expertise）。20 世纪 80 年代，专业技能是一个典型的研究话题。恩格斯托姆等人（Engestrom，1992，2004b；Engestrom et al.，1995）曾评论过当时的认知主义研究。他们从这些认知研究中发现了三个基本假设，这些假设认为人类思维本质上是在真空中运行，并与外界环境隔离。因此，专业技能被看作具有普遍性和同质性。换言之，实践中只存在一种最佳途径。此外，专业技能是指个人对明确且不变的问题的掌握程度，可以通过不断练习和重复习得，表现为行家—新手之间的连续体。这些内容都体现了恩格斯托姆等人所说的"专业技能的纵向视角"。但恩格斯托姆认为，当今存在的问题千差万别，解决方案往往时效性不强，且很难适用于其他问题："专家们一定会面临很多新情况，并没有任何直接适用的做法，他们必须找出原因并设法解决。这些因素也会使各级员工面临许多自身无法解决的任务。"（Engestrom，2004b，p. 146）专业技能的社会维度也很重要，因为工作者需要在团队内部和团队之间工作，以便为他们所面临的新问题找到多样化的解决方案。这也意味着他们需要在不同的文化背景下使用不同的规则和工具工作。此外，工作者面临的问题有时看起来非常复杂且不明确，甚至可能是全新的问题，因此即使是专家也常常束手无策。从行家—新手连续体的另一端来看，新手并不是一张白纸，他们往往会从之前的其他工作或学校环境中带来知识。换言之，他们在获取专业技能的同时，也同样带来了全新的想法，有利于塑造其身处的工作文化环境。

根据维克托（Victor）和博因顿（Boyontin）对西方社会工作形式的历史分析，恩格斯托姆（Engestrom，2004a，2008a，2008b）认为，如今这种被称为"共同配置"的生产形式正在变成主流。在共同配置的形式中，客户是生产过程的一部分，因为他们参与塑造商品或服务。这种生产形式的一个主要特征就是协商打结（knotworking），其中，结

（knot）指的是"松散连接在行动者和组织单位之间的快速跳动、分散和部分即兴编排的合作表现。打结就是将看似独立的活动线索系紧、解开又重新系紧的过程"（Engestrom，2008b，p. 194）。

因此，我们需要从专业技能的多维视角来研究这些新的生产和组织形式。恩格斯托姆等人（Engestrom et al.，1995）指出，作为认知研究的典型特征，专业技能的经典纵向维度应该受到质疑。人们一般不会独自解决问题，其所处的文化环境会影响他们对解决方案的理解。在不同的环境中，所采取的解决方案也会不同。因此，专业技能的横向维度丰富了其纵向维度，强调工作者经常需要去其他社会文化背景中寻找共同的解决方案，即他们需要跨越组织的边界，和其他人一起工作，为其从未面临过的问题寻找创新性的解决方案：

> 专家们经常需要在多个平行的活动环境内或穿行在这些环境之间工作。这些环境要求并提供不同的、互补的但也相互冲突的认知工具、规则和社交模式。在不同的社会环境下，对于专家知识和技能的衡量标准也是不同的。
>
> （Engestrom et al.，1995，p. 319）

引入"跨边界"一词是为了强调专业人员在工作中需要"进入他们不熟悉甚至很有可能无法胜任的领域"（Suchman，1994，p. 25），"接受挑战，通过协商，将不同背景下的要素结合起来，提出多样化的解决方案"（Engestrom et al.，1995，p. 319）。在另一篇文章中，恩格斯托姆（Engestrom，1996）进一步阐述了他对人类发展的看法，并借此提出学习并不是一个不断攀爬的过程（用于描述学习纵向维度的另一个隐喻表达），而是一场跨边界运动过程。此外，人类发展应该是集体的，而非个体的，并且由于有时候它会采取暴力排斥旧事物的形式，它也可以被看作是不连续的。在这种新的专业技能模式中，认知不仅仅局限于个体，相反，它体现在共同体和用于展示工作活动的人类创造物中。由此，大大丰富了专业技能的内涵，它包括跨越不同边界、团队和创新的文化背景和运动。

一些学者试图综合认知建构主义和专业技能的社会文化理论。廷雅拉（Tynjala，2008）在她关于工作场所学习的文献综述中指出，专业技能由四个紧密交织的知识来源组成：理论、实践、自我调节和社会文化。理论知识与讲课和书籍有关，并且清楚明白、容易理解。实践知识一般也指技能，多数情况下比较隐晦，需要在实际操作中学习。第三种重要的知识来源是自我调节，包括元认知和反思技能。在反思理论知识和实践知识的过程中，学习者的抽象水平得到了提升。最后一种知识来源是社会文化，只有通过参与工作场所中的活动才能获得，包括特定工作场所中特有的规范、规则和活动模式。廷雅拉、哈基宁和哈马莱宁（Tynjala，Hakkinen & Hamalainen，2014）认为，以上四种知识来源只有经由中介工具才能成为专业技能，这些中介工具可以使其具有灵活性，并可以在特定的环境中使用。中介工具是教学安排，而不是技术手段，主要是为了解决问题，"甚至可以说，解决问题是专业技能发展的核心过程。在解决问题和整合不同形式知识的过程中，人们需要用到一种成熟的思维形式，即综合思维"（p. 993）。这一模式被称为综合教学法，因为它需要整合上述不同类型的知识，而这些知识在当今迅速变化的社会所需的专业技能而言很重要。与恩格斯托姆等人（Engestrom et al.，1995）类似，廷雅拉和吉贝尔（Tynjala & Gijbels，2012）也认为，如今越来越多的工作岗位要求工作者有能力处理定义不清、不断变化的问题以及适应不同的环境。因此，廷雅拉的综合教学法旨在塑造学习环境，帮助学生们获得有用的专业技能，应对快速变化的工作环境和社会。

在边界处学习

当应用于职业教育时，廷雅拉的模型表明，在多种类型的知识中，有些是比邻共存的，比如理论知识和实践知识；而其他知识却很少纳入考虑范围，比如反思性的知识。文化性的知识只能通过学徒和工作经验的方式获得。此外，由于缺失渐进式的问题解决过程，知识很少转化为专业技能。

　　一些学者认为，跨边界是思考学校与工作场所之间关系的有效方法（Akkerman & Bakker，2012）。它可以被看作一个升级版的迁移概念，与一般的迁移有三个相关的差异（Tuomi-Gröhn et al.，2003）。第一，迁移只关注学校到工作这个方向，而跨边界把这段关系视作双向的，因为学校和工作可以互为补充。此外，迁移将学校与工作的交替视作一种个人行为，而跨边界却将其视为一种社会现象（Saljo，2003）。第二，迁移强调不同实践之间的共性，而跨边界则专注于寻找有效的互动方式，将差异视作学习的积极来源。第三，跨边界将工作场所视为学校教育过程中的一部分。在关于在边界处学习的文献综述中，阿克尔曼和巴克（Akkerman & Bakker，2011，p. 139）将边界定义为"社会文化差异导致互动和行动中的不连续性增加"。他们认为，正是由于两者本质相同，且都具有不连续性，所以激发了研究人员的兴趣："学者们纷纷发声，而边界性质至今又没有明确的说法，学界有必要展开一场对话。在对话中，专家们经过讨论，可能会碰撞出新的观点。"他们声称，教育研究人员对边界的兴趣与日俱增，主要源于两大新兴的社会科学现象：一个是学者们展开了对更大分析单位的研究，另一个是人们普遍赞同差异也是学习的来源之一。

　　阿克尔曼和巴克（Akkerman & Bakker，2011）明确了在边界处学习的四大学习机制。第一类是识别。"由于威胁感增强，不同实践之间越来越相似且重合度不断提高，因此之前实践之间的界线变得不确定、不稳定。"（p. 142）这让我们重新理解不同实践的内涵。第二类学习机制涉及协调，以及"分析如何寻求有效的手段和程序，从而即使在缺乏共识的情况下，也能够让不同的实践在分散式工作中有效合作"（p. 143）。第三类关注边界的反思潜力，强调"跨边界能够帮助人们认识和解释实践之间的差异，从自身和他人的实践中学到新知识"（p. 144）。在边界处有两种反思类型：表达观点和换位思考。前者需要明确表达自己对某一特定问题的理解和了解，而后者则需要利用边界，"从他人的视角来审视自己"（p. 145）。第四类学习机制是转换。这些研究通常以人们正面临的问题为出发点，这些问题迫使他们重新考虑交叉实践。接下来就是要识别出一个共同的问题空间，结果可以是杂糅的，换言之，在不同的实践之间找到一个创造性的解决方案，从而实现转变，这种转变有时会伴随着新实践固定下来成为常规实践的过程。反思和转变等学习机制通常需要依靠一种被称为"革新实验室"的形成性干预措施。通过这种干预措施，来自不同实践的人受邀相聚在一起，讨论并解决共同的边界问题。

本节解释了在边界处的学习类型，这对职业教育中的综合教学模式很有用。接下来，本章将继续审视意大利和澳大利亚教育领域中对素养取向的批评（本书选择意大利和澳大利亚进行比较研究）。

教育领域中对素养理论的评论

在意大利和一些法语国家，自从学校引入了素养理论，一场激烈的辩论便开始上演了。反对素养理论的原因有很多，例如，希尔特（Hirtt，2009）列出了五个原因：该理论背后的目标与行业相关联；在该理论中理论知识遭到抛弃；该方法不能视为建构主义教学法，实际上与进步主义教学法相差甚远；缺乏管控会导致社会差异加剧。与希尔特类似，伊萨瑞尔（Israel，2011）也认为，定义特定工作岗位所需的素养类型是有问题的，因为说到底，公司主管与最底层员工需要的素养是相同的。此外，世界上许多委员会和项目都试图定义素养，但都没有成功。尽管在行业内遇冷，但该理论被顺利地应用到了学校。在行业中失败的主要原因在于人们无法衡量素养中的情感和动机因素。伊萨瑞尔还指出，素养理论唯一的真正优势就在于能够使与工作相关的素养在整个欧洲范围内得以验证。欧洲终身学习资格框架（European Qualification Framework，简称为 EQF）即是从素养的角度来衡量学习结果，满足了验证的需要，但也不可避免地反映出一种反文化取向，忽视文学、历史和哲学，只关心技术能力和操作能力。学校应该是一个教育公民并赋予其文化自由的机构，而不是培训未来工作者的地方。

相反，许多学者（Ajello，2011；Benadusi，2011b）认为这种所谓的素养与知识之间的对立代表了一种虚假困境，因为两者实际上是可以相互融合的。素养理论克服了理想主义的观点，即学校是一个传播与实践无关的纯抽象知识的场所。素养理论并不是一场学术知识的危机。相反，它强调需要学习者参与进来，强调他们的发展路径和目标（Ajello，2011）。重要的是传递所学知识的意义，这样人们就能学以致用，从而避免学习无用知识的情况，恩格斯托姆（Engestrom，2011）称这种无用的知识为"封装"（encapsulation）。接受素养教育意味着与公民身份等有意义的社会理论建立了联系。

在澳大利亚，对素养理论的批评则呈现不同特点。职业课程是根据素养单元来提供的："素养单元是指满足不同工作场所工作要求的知识和技能。"（DEEWR，in Wheelahan & Moodie，2011，p. 14）先要从每份工作中提炼出其构成要素，如角色和需求，在此基础上产生某些素养单元。某一资格证书通常由某组素养单元组成。这种方法最终并没有给学生提供适切的理论知识：唯一涉及的一点儿知识也只不过是与特定素养组合相关的知识。澳大利亚职业教育和培训中的素养学派还存在另外一个问题，即学习结果与现有的工作描述相关，因此过于强调传统，从而阻碍了创新实践的发展，也排除了很多主动或反思的机会。

鉴于素养理论所存在的问题，一些学者建议转向能力主义（Wheelahan & Moodie，2011）。工作场所中的能力是"一种由更基本、更复杂、更广泛的知识、技能和能力相互作用而产生的新性质。能力产生于个体、社会和工作之间的内在联系，这意味以工作为目的的学习需要超越工作本身"（p. 21）。因此，应该将能力视作职业的基础。

个人要想在浩浩荡荡的职业洪流中独树一帜，成为独立自主、富有创新精神和创造力的工作者，需要一系列个人、社会、经济和文化资源。而能力能够识别这些资源，从而将个人、教育和工作联系起来。能力不同于通用技能、就业能力或毕业生素质，因为它们不具有"一般性"或"通用性"。能力取向的重点在于个人发展和工作，因此学生需要获得所需的知识、技能和能力，以便在职业洪流中立足。

（Wheelahan et al.，2012，p. 10）

然而，应当注意的是，欧洲的素养概念与澳大利亚是不同的，克服了澳大利亚职业教育中的素养概念所存在的问题。如前所述，素养是一个有多重含义的术语。在欧洲，素养是指知识、技能和态度。然而，在意大利，教学被认为过于理论化，知识无法被转化为素养，因为它不属于实践中需要解决的问题。相比之下，在澳大利亚，素养仅仅指技能和知识，不包括态度。在设计培训内容时，使用小分子（狭义）的方法，只是强调与某个特定工作岗位相关的微观技能。然而，这些并不能成为素养，因为从深层理论知识来看，它们并没有被问题化。

希尔特和伊萨瑞尔以及惠拉汉（Wheelahan）和穆迪（Moodie）对素养理论的评论似乎集中在一种狭隘的功能主义的素养取向上，这种方法可以与理性主义模型联系起来。对素养的整体主义取向和解释主义取向似乎可以回应大多数的批评之音，并将会应用于本研究。在解释主义取向中，素养将被视作一种跨边界行为，并能够提供刺激学生创业行为的环境和背景（以革新实验室研讨会的形式）。立足整体主义方法，下一节将会结合"素养的界定与遴选"（DeSeCo）项目，介绍欧洲终身学习核心素养框架中的主动性和创业素养。

创业素养

与经济合作与发展组织类似，欧盟同样秉持整体主义的方法提出了终身学习核心素养。欧盟委员会的定义是这样的："核心素养是所有个体为实现和发展自我价值、成为积极的公民、融入社会以及就业所需的能力。"（European Commission，2007，p. 3）在同一份文件中，欧盟委员会还指出，每个欧洲公民都必须具备适应全球化的能力。此外，个体必须积极行动，不仅要能够应对变革，更要能够参与和塑造变革。我们要从终身学习的角度来看待素养：学校并非个体学习的唯一机构。正规学习固然重要，但非正规学习和非正式学习也非常重要：个体可以在工作场所、社交生活和娱乐活动中提升素养。提高素养的过程贯穿个体的全部生活。表2.1列出了这些终身学习的核心素养。

表 2.1　欧洲公民终身学习核心素养

终身学习的核心素养
1. 母语沟通交流
2. 外语沟通交流
3. 数学素养与科学技术基本素养
4. 数字素养
5. 学会学习
6. 社会和公民素养
7. 主动性和创业素养
8. 文化认识和表达

资料来源：欧盟委员会（European Commission，2007，p. 3）。

　　为了从素养角度来衡量个人的学习结果，欧洲终身学习资格框架应运而生，其目的就是要提高整体欧洲公民的流动性并促进终身学习。欧洲终身学习资格框架是一个通用的欧洲参考框架，连接了各成员国的资格体系，因此也可以作为一个转化手段（European Commission，2008）。基于此，我们可以更容易地理解和比较欧洲各地不同的资格证书。该框架使用学习结果，而非通过经年累月的研究来比较不同的欧洲教育体系。这里的学习结果指的是"学习者在完成学习过程后所知道、理解和能够做的事情的书面说明"（European Commission，2008，p. 3）。在该框架中，任何一种素养、技能和习惯都是根据八个层次的责任和自主性来定义的（European Commission，2008），从第一层次的更为基本的学习结果，如毕业证书，到第八层次的部门或行业中最为前沿的素养形式，如博士学位。作为终身学习的工具，该框架包括在教育（通识教育或职业教育）、学术界和培训中所获得的所有资格证书，涵盖初始教育阶段与继续教育和培训阶段。与欧洲终身学习资格框架类似，澳大利亚也有自己的学历资格框架（Australian Qualification Framework，简称为 AQF），基于十个级别的学习结果，分为素养、知识和技能（AQF Council，2013）。不过，为方便比较，在接下来两种研究环境中我们采用的都是欧洲的框架。

本研究的重点是作为第七项欧盟核心素养的主动性和创业素养，其定义见表 2.2。

表 2.2　第七项欧盟核心素养：主动性和创业素养

主动性和创业素养的定义
主动性和创业是指个体将想法付诸行动的能力，包括创造力、创新意识和冒险精神，以及为实现目标而规划和管理项目的能力。此素养不仅能促进日常的家庭和社会生活，也能在工作场所中帮助个体了解自己的工作环境并抓住机会，还能为创办或参与社会或商业活动所需的更具体的技能和知识奠定基础。此素养还包括对伦理价值观的认识并能促进良政。

资料来源：欧盟委员会（European Commission，2007，p. 11）。

总之，该素养关乎将想法付诸行动的能力。与其他核心素养一样，它由适合情境的知识、技能和态度组成。知识包括能够识别出可用机会的信息。当然，我们也有必要考虑更广泛的背景，如个体经营场所以及其行业领域的道德层面。与将想法付诸行动最相关的技能就是规划、项目管理和团队合作，以及个人评估自身优劣势的能力。应有的态度包括积极性、主动性、自主性和自信。与欧洲终身学习素养类似，澳大利亚也对通用技能进行了分类。对通用技能的兴趣始于 20 世纪 80 年代，1992 年迈耶（Mayer）提出核心素养，帮助年轻人做好工作准备（Australian National Training Authority，2003），将通用技能的研究推向了高潮。20 世纪 90 年代，人们投入了大量精力来实践迈耶的核心素养。最近，各行业又开始重新关注这些技能。澳大利亚工商会（Australian Chamber of Commerce and Industry）和澳大利亚商业委员会（Business Council of Australia）借鉴上述研究，在澳大利亚国内外对通用"就业"技能进行了广泛的研究（Gibb，2004）。近期，该术语已经成为一个议题，通用技能也以不同的方式命名。

尽管"没有一个'正确'的术语可用"（Bowman，2010，p. 10），但鉴于与行业建立紧密关系的重要性，在职业教育和培训中，通用技能通常是指就业技能。澳大利亚工商会和商业委员会将其定义为，"就业技能不仅是就业所需的技能，更是在企业内部取得进步从而发挥自身潜力，并成功为企业的战略方向做出贡献所需的技能"（Australian National Training Authority，2003）。这些技能包括（Wibrow，2011）：沟通交流、团队合作、解决问题、主动性和创业素养、规划和组织、自我管理、学习和技术。有人认为，澳大利亚职业教育和培训中的就业技能与欧洲主动性素养中所包含的知识、技能和习惯非常相似。

下一节将重点讨论创业教育，并讨论如何将就业技能视为创业教学的社会经济成果。

创业教育

尽管许多学者都认为创业是一种激发创新、引发变革的活动，但由于很多原因（至少两个），这一术语在本质上很复杂（Audretsch，2003）。第一个原因，创业是一种涉及许多组织形式的现象，这些组织形式包括个人、团体和人际网络、项目、公司以及整个行业甚至地区。第二个原因与如何衡量结果有关。通常来讲，创业被视为寻找机会并将其转化为创意从而引入市场的能力（Audretsch，2003）。我们也应该明确区分创业者和管理者，前者是有远见和创业能力的人，而后者是能够成功经营企业的人（Badawi，2013）。2006年，经济合作与发展组织启动了创业指标计划（Entrepreneurship Indicators Program），旨在寻找合适的指标来比较经济合作与发展组织成员在创业方面取得的进展。该方案面临的一个主要问题是为创业找到一个共同的定义，因为关于这一主题的每项研究都采用了不同的定义。艾哈迈德和西摩（Ahmad & Seymour，2008）在为经济合作与发展组织撰写的文献综述中阐明了三个术语：创业者、创业活动和创业。这些不同的定义如表2.3所示。

表 2.3　创业者、创业活动和创业的定义

> **创业者**是那些通过创新或扩大经济活动，识别和开发新产品、新工艺或新市场来寻求创造价值的人。
>
> **创业活动**是人类通过创新或扩大经济活动，识别和开发新产品、新工艺或新市场以创造价值的进取行为。
>
> **创业**是与创业活动相关的现象。

1730 年，理查德·坎蒂隆（Ricard Chantillon）首次使用该术语来表示各种类型的自我雇佣。而第一个提出有关创业理论的学者是约瑟夫·熊彼特（Joseph Schumpeter），他于 1934 年提出了该理论。创业者是创新的颠覆者，也是创新的主要参与者：他们提供了"新的组合"，由此引发了市场的变化，从而导致经济的长期增长（Schumpeter，1934）。人们对于创业也有一些其他的观点（Ahmad & Seymour，2008）：创业者善于识别机会，因为他们能够发现并迅速利用之前从未被注意到的赚钱机会。第三种观点认为，创业者敢于冒险，他们为市场上的需求提供可能的解决方案，在未来可能的回报面前冒险尝试。第四种观点将创业者看作资源转移者，因为他们赋予了现有资源新的财富创造能力。最后一种观点将其定义为突破性的创新者。

在国际上，美国是创业的榜样，至少有三个原因（Volkmann et al.，2009）。首先，美国拥有最多的高增长企业，例如微软、谷歌和苹果等。在美国 100 强企业中，半数以上在 20 年前并不存在。例如，谷歌由斯坦福大学的两名学生拉里·佩奇（Larry Page）和瑟吉·布林（Sergey Brin）创立于 1998 年。最初，他们在车库中工作，仅仅 6 年后，他们的公司就在股票市场上市了。其次，美国拥有最利于创业者的文化。例如，车库被认为是硅谷模式的起点。最后，美国在创业教学方面也有着最为悠久的传统，早在 20 世纪初，就出现了一些组织，如青年成就组织（Junior Achievement）。一般来说，高等教育中的创业教育只有 50 年的历史。最早开设这一课程的院校是日本的神户大学（Kobe University），开设于 1938 年；以及哈佛商学院（Harvard Business School），开设于 1947 年（Martinez et al.，2010）。

欧洲的创业

尽管美国在创业领域处于领先地位，但越来越多的发达国家正迎头赶上。自从 20 世纪 90 年代以来，在欧盟，弘扬创业文化"已成为应对全球化的必要政治手段"（Gibb，2002）。2009 年的一项欧盟民意调查显示（The Gallup Organization，2010），欧洲公民对创业者和就业者的偏好几乎是均等的（45% 对 49%）。其中，害怕失败和无法发现机会是创业的主要障碍。一般来说，欧洲的创业者是男性，且都有高中学历证书。

2000 年 3 月，里斯本战略（Lisbon strategy）决定将欧洲打造成最具竞争力的知识经济体，旨在从经济、就业和社会凝聚力方面改善欧盟（European Commission，2000）。人们普遍认为，创业教育在实现这些目标中发挥了重要作用。2003 年，一份关于"欧洲创业"的绿皮书讨论了两个与创业有关的问题：为什么欧洲只有少数企业在发展，以及为什么欧洲很少有人创业（The Gallup Organization，2010）。另一个重要举措是 2006 年举行的奥斯陆创业教育会议。在会议上，代表们交流了经验和好的做法，旨在改善成员国的创业教育（European Commission，2006）。《2020 议程》（Agenda 2020）重申了里斯本战略的目标，旨在将创业教育扩展到各级教育中（European Commission，2013）。七项旗舰计划中有三项都强调了创业的重要性（OECD & European Commission，2013）："新技能和就业议程"支持自我雇佣；"青年在流动"鼓励青年人创业和自我雇佣；"欧洲反贫困与社会排斥平台"支持小额信贷和创业。欧洲的创业教育也有望提高教育质量："从小培养学生的创业态度意味着利用儿童的创造力和想象力来激发积极的学习形式。"（European Commission，2004，p. 20）"青年在流动"、"新技能和就业议程"和"创新联盟"等旗舰计划都强调了将创造力、创新精神和创业态度纳入其中的必要性（European Commission，2012a）。自2006 年以来，主动性和创业素养一直是欧洲终身学习八大核心素养之一（Official Journal of the European Union，2006）。

创业学习

欧盟委员会最近发表的一项实证研究（European Commission，2012b）考察了创业教育的学习成果。结果表明，在欧洲核心素养方面，创业教育取得了积极的成果。创业教育培养年轻人的创业素养，例如拥有正确的思维、计划创办企业、培养就业技能以及发挥年轻人在社会和经济中的作用等。

科兹林卡（Kozlinska，2012）在其关于创业教学的文献综述中表示，创业教学的结果应该从两个层面进行分析：教育层面和社会经济层面。欧洲的主动性和创业素养重点关注全体学生及其终身学习，因此可以更好地作为比较该研究教育成果的标准。在科兹林卡（Kozlinska，2012）看来，创业教学的社会经济成果可以进一步细分为三个层级。第一级应被视为入门级，包括就业技能，例如找工作的能力。在这方面，史密斯和科明（Smith & Comyn，2003）发现，职业教育和培训院校的学生会采用不同的策略来提高他们在工作场所的就业技能。首先，他们采取积极主动的行动：他们提出问题，发展社会关系，与其他员工交往，并寻找最合适的导师。第二级是内创业（intrapreneurship），也就是在公司内部的创业行为。换言之，员工在公司内发现并利用机会，或在公司内发挥领导作用，从而获得将想法付诸实践的权力。最后一个更高的层级是创建一个新事业。根据这一分类，就业技能可以被视为职业教育和培训中创业教育的社会经济成果，并在本比较项目中使用。

在整个欧洲，创业教育融入教育体系的方式可能千差万别（European Commission，2012d）。创业教育可以通过现有的学科开展，也可以作为一个新的主题单独呈现。在整个欧盟，有三分之二的成员国在小学阶段开设了创业教育，并经常将其作为跨学科的主题进行教学。在高中阶段，几乎所有的国家都有创业教育，创业既是一个跨学科的主题，也是一个独立的主题。在大学阶段，人们普遍支持教育和商业公司之间展开合作。

那么现在有一个重要的问题，就是学生应该学习什么才能成为创业者。例如，表 2.4 展示了世界经济论坛提出的年轻人在获得高中学历证书之前应该学习的十二个概念（Volkmann et al.，2009）。

表 2.4　高中生应该学习的十二条创业基本规律

身心健康很重要	营销：设身处地为客户着想
热衷商业和发现机会	领导能力和反馈
经济学	财务报表
供求规律	基本的电话销售
不要盲目竞争，而要创造竞争优势	如何撰写商业计划书
财富创造	72 法则（用于推算投资翻倍所需的年数）

资料来源：沃克曼等人（Volkmann et al.，2009，p. 31）。

当把眼光从学习结果转向过程，欧盟委员会认为，创业教育"应该为学生提供创造性思考和有效解决问题的工具"（European Commission，2009，p. 7）。在职业教育方面，应当采取一些举措来培养学生的创业行为（European Commission，2009）。首先，企业应当参与提供职业教育和培训课程，双元制国家可以被视为典范（例如德国）。此外，年轻人应该参加以"做中学"的方式为特点的项目和活动。相应的教学方法不应该仅包括讲课，还应该包括商业游戏、计算机模拟、学生冒险、项目和团队合作、参观公司和聆听工作经验等积极教学法。职业教育和培训中的创业指导是帮助年轻人理解创业生涯本质的又一重要方法（Cedefop，2011）。

上述指南似乎针对的是创业的组织问题，除此之外，创业教育的教学部分似乎在欧洲学者的论争中遭到了忽略。在过去，创业研究吸引了许多专门研究经济学而非教育学的学者。这是因为长期以来，创业一直被看作一个与个体和商业相关的学科，而非一个以教育学和社会学为导向的学科。正如基罗（Kyro，2006，p. 65）所指出的那样："为了促进教育的争鸣，有必要将创业研究的贡献相结合，并更多地关注学习的动态。"然而，许多研究，如世界银行（World Bank）委托进行的研究，都认为应该对支撑创业行为的学习进行更广泛的研究（Valerio，Parton & Robb，2014）。

　　首先，对于创业教育及其目标的基本定义还未达成共识。琼斯和艾尔代尔（Jones & Iredale，2010）区分了创业教育（entrepreneurship education）和创新创业教育（enterprise education）①，前者关注创办、发展和管理企业，而后者侧重于从终身学习的角度获得和发展在不同的环境中都有用的个人能力。两者的本质差异来自各自采用不同的教学法：创业教育使用传统的教学方法，而创新创业教育则使用创新的、基于体验式行动的学习方法。创新创业教育要求重新规划整个教学和学习体验，因为教师充当促进者，要让学生参与进来，并在学习过程中指导学生。在中学，它的主要关注点在于灌输软技能以及提出创业意义这一问题（Draycott & Rae，2011，p. 137）："创业关于培养心智、树立目标（自我效能）以及发展技能（个人能力），以此帮助年轻人为未来做好准备。创业学习是以进取的方式学习以及变得有进取心的过程。"创新创业教育通过积极参与、寻求机会、"做中学"和提出问题，以及确立创办中小企业的权利来促进自由和公民意识。通过这些做法，创新创业教育可以被视为一种教学法（Jones & Iredale，2010），也可以被视为解决教育与实际经济世界之间距离过大的一种手段（Draycott，Rae & Vause，2011）。其他学者，如克雷福特、费伦、麦克劳夫林和范武伦（Crayford，Fearon，McLaughlin & van Vuuren，2012），认为创业学习将创业哲学与创新方法联系起来；从而在创业和创新创业教育之间架起桥梁。其目标是将有关创业的内容转变为基于经验的发展模式，以便为毕业生"适应"和"处于"创业环境做好准备（Taatila，2010）。总之，学者们似乎正从将创业视为创办中小型企业的行为转而将其视为一种"内在的动态现象"（Cope，2005，p. 374）或是一种学习过程。无论如何，学界一致认为，创业教育可以作为一个通用术语，应用到其他类似的教育过程中（Mwasalwiba，2010）。

　　通过分析当前关于创业的文献，姆瓦萨维巴（Mwasalwiba，2010）

---

　　①　"entrepreneurship education"和"enterprise education"两者都可以译为创业教育，前者是美国和欧盟的用法，而后者是英国和澳大利亚的用法，为了加以区分，此处译者将"enterprise education"翻译为"创新创业教育"。——译者

发现，在提到创业教育时，大多数学者都区分了基于讲课的传统教学方法和主要基于行动的创新教学方法（也被称为区分被动方法和主动方法）。一般来说，文献表现出对创业教学方式的一致不满：例如，"发现创业"项目的提出是"源于对高等教育机构创业教学方式的失望，也是源于感觉到不同的学习方法可以用来培养学生的创业行为"（Smith et al.，2006，p. 556）。由于在中小型企业中的学习是在社会中构建的，并贯穿于个人生活，所以创业学习意味着积极参与和亲身体验，而不是在课堂上学习商业课程（Higgins & Elliott，2011）。

在研究创业教育时，许多学者对支撑创业行为的学习机制提出了猜想。由于学习是创业过程的重要组成部分，所以"创业理论的构建需要学习理论"（Minniti & Bygrave，2011，p. 1）。曼（Man，2006）认为学习能力对培养创业素养至关重要：这也是为什么许多学者用不同的理论基础来支撑他们的创业学习模型。王和楚（Wang & Chugh，2014）列举了学者们用来支撑创业的学习机制。在依列雷斯（Illeris，2009b）列出的 16 种成人学习理论中，王和楚（Wang & Chugh，2014）引用了以下理论：温格（Wenger，1998）的实践共同体理论；莱夫和温格的情境学习理论（Lave & Wenger，1998）；麦基罗（Mezirow，2009）的转化学习理论以及大卫·库伯（Kolb，1984）的体验式学习理论。科普（Cope，2005）使用体验式学习来强调创业学习对情感有影响。

不出所料，王和楚（Wang & Chugh，2014）发现，在创业研究中，最广为引用的当代成人学习理论就是体验式学习：在 75 篇综述文章中，有 32 篇都提到了体验式学习。而在这 32 篇文章中，有 14 篇专门借用了库伯的理论。尽管概念的产生与变化会因经验而不断发生改变，曼（Man，2006）依然将体验式学习视为创业学习的三大理论基础之首。从广义上看，体验式学习是指通过行动和参与从过去的经历、积极或消极的经历、他人的经历中学习（Wang & Chugh，2014）。而狭义的体验式学习指的正是库伯的理论。库伯承认，他的理论始于其他学者的研究，这些学者赋予了经验重要的地位，其中包括皮亚杰（Piaget）、勒温（Lewin）、弗莱雷（Freire）、詹姆斯（James）和杜威（Dewey）。

库伯的体验式学习认为，学习是一个循环的过程，包括两个辩证相关的体验过程（具体经验和抽象概念化）和两个辩证关联的变化过程（反思性观察和主动实验）。

海诺恩和波基约基（Heinonen & Poikkijoki，2006）概述了大学背景下的创业教学模式。欧盟委员会采用了这种创业模式（见 Kozlinska，2012），有时在欧盟委员会的文件中这种模式还会被引用为创业教育的一种可能的方法（European Commission，2012c，p. 19）。他们将创业导向的方法建立在库伯提出的体验式学习循环之上，在那里"通过抽象概念化和积极实验进行反思性观察，从而产生具体的个人体验"（p. 85）。海诺恩和波基约基认为，创业理论应该建立在"做中学"的基础上，但也应该为年轻人提供积极参与和塑造学习环境的机会。意图是一个必要的组成部分，尽管需要某种类型的触发事件来"学会理解创业"和"学会成为创业者"（Heinonen & Poikkijoki，2006，p. 83）。在这方面，他们认为创业的触发事件是获取创业知识本身。创业教育的目标是向大学生灌输"创业技能和行为作为创业过程的先决条件"。

有人认为，当库伯的体验式学习模型用于创业教学时，存在一些问题。在过去的 20 年里，针对上述问题的评论很多，例如"体验式学习作为一种后现代幻想在世界各地实施，就像是卢梭主义者在邀请学生们回归自然和其真正的智慧"（Gosen & Washbush，2004，in Radu Lefebvre & Redien-Collot，2013，p. 371）。库伯的理论将学习看作一种发生在个体内部的现象，因此"可以描绘成一个理想的循环或螺旋式学习过程，在这一过程中，学习者'接触到了所有的基础'——体验、反思、思考和行动"（Kolb & Kolb，2005，p. 194），同时，"学习是通过将新经验融入现有概念和让现有概念适应新经验这一平衡的辩证过程来实现的"以及"社会知识在学习者的个人知识中得到创造和再创造"（p. 194）。如此就把学习的社会层面排除在外了。其次，在库伯的模型中，学习确实是一个知识创造的过程，但这一过程发生在个体内部，因此没有考虑社会变革的维度。最近该理论还因其没能解释清楚为何四个行动是按照规定的顺序排列的而受到质疑，这代表该顺序背后存在某种理论缺失（Engestrom & Sannino，2012）。库伯的模型并没有为社会变革和创新提供框架，因此它不是一个充分支撑创业的学习理论。此外，海诺恩和波基约基（Heinonen & Poikkijoki，2006）在他们的模型中表明，创业知识本身可能是一种触发事件，但这可能不足以引发变革。有人建议，当团队面临对他们而言很重要的问题时，应当调动个体和集体的能动性，从而调动主动性和创业素养。这是因为关键事件能够激发学习者的深刻反思，也因此成为创业学习的重要组成部分。当学生面临对其而言很重要的问题时，可以获得必要的情感参与（Pittaway & Cope，2007）。

我们需要一种新的理论来研究基于社会变革的创业。文化历史活动理论中的拓展性学习理论是研究学生在从学校步入职场时的主动性和创业素养的合适备选。拓展性学习将"处于文化转化和创造、横向运动和混合、理论概念的形成等方面的共同体视作学习者"（Engestrom & Sannino，2010，p. 2）。这是一种理论创新，其中"学习者学习着一些尚不存在的东西"（Engestrom & Sannino，2010，p. 2），而这些方面之前斯发德（Sfard，1998）关于学习的隐喻均无法解释。这两个隐喻相辅相成，分别是"知识创造"和"参与、拓展或转化"（Engestrom & Sannino，2010，p. 2）。社会革新实验室，即革新实验室工具箱，应运而生。通过它，参与者可以讨论其正面临的实际问题并找到新的共同的解决方案（Virkkunen & Newnham，2013）。下一节将简要介绍革新实验室及其有望触发的拓展性学习循环。

回到廷雅拉（Tynjala，2008）提出的综合教学法模式，它的一个好处在于，有关学校和工作边界处的研讨会将有助于我们依据实践讨论理论，反之亦然，从而产生反思性知识。此外，让学生自己解决对其而言合乎逻辑的问题将是一种渐进式的问题解决方式，从而有助于将前面描述的四种类型的知识联系在一起，并将其转化为专业技能。下一节将讨论这种有益的创业教育新模式。

用革新实验室来促进拓展性学习

如前所述，在职业教育中，学校和工作经验之间存在尚未开发的学习潜力。而革新实验室正好能够挖掘这些潜力。革新实验室实际上是一个在文化历史活动理论框架内开发的工具箱。我们可以根据以下五个原理来描述文化历史活动理论（Engestrom，2001a）。

第一，文化历史活动理论认为，组织（无论是学校还是工作场所）是一种集体的、面向对象的、以人工物为中介的活动，还认为认知"分布"在共同体、工具、分工和规则之间。关注点可以扩大到两个或多个活动系统，例如，职业教育和培训学校与当地行业之间的系统网络。第二，由于参与者的角色不同，活动系统包含多种（通常相互冲突的）观点。第三，每个活动系统都需要经过很长时间才能形成和转变，也正因如此，用历时的视角去审视活动系统对于理解其当前形态以及未来如何转变至关重要。第四，冲突和矛盾是活动系统转变和发展的可能手段。第五，活动系统发生大规模转变是很有可能的，主要体现在对象（客体）的转变上。自然而言，某些实践、成员、分工、规则和工具也会随之发生变化。

拓展性学习[①]

在拓展性学习中，学习的主体从主体本身变成了集体和人际网络。在初始阶段，活动系统的一些成员开始质疑现有的做法。随着活动中的矛盾出现，形势变得更加紧张。尽管成员们尚不清楚需要做什么以及需要学什么，但是越来越多的成员开始不接受现状。当有更多的参与者加入进来时，他们就开始进行协作分析，逐步思考出一种新的实践模型，经过必要的调整再付诸实施。在拓展性学习过程中，主要的转变发生在活动的对象上。对象通常是原材料，并且对意义建构至关重要。例如，

---

① 拓展性学习（expansive learning），国内也有学者翻译为共创性学习，本书采用拓展性学习的译法。——译者

恩格斯托姆曾对赫尔辛基的一家儿童护理医院做过一项著名的研究，其中他将患者视为对象，而儿童的评估则是结果（Engestrom，2000）。

共同努力构思新实践以产生一个关于该活动的集体理论概念的过程被称为从抽象到具体，最早由达维多夫提出（Davidov, in Sannino, 2011a）。一种全新的基础理论思想，就像一个细胞，将实践的新形式嵌入其中，并逐渐丰富，从而创造出一个新的活动系统模型或愿景。从抽象到具体可以通过大量认知行为，即拓展性学习循环中的学习行为来实现。这一跃升的六个阶段可以看作一个螺旋式的过程，如表2.5所示。

表 2.5　拓展性学习的阶段

● 对现有做法的某些部分提出疑问和批评。
● 分析问题，找到解释机制。一般存在两种类型不同且互为补充的解释：一种是历史溯源型解释，因为这一问题可以追溯到它的起源。另一种是实际经验型解释，即通过其内在关系来解释该情况。
● 以可见的形式对新的解释关系进行建模，解释问题，也许能解决问题。
● 检查模型。新模型要经过考验，找到其价值和潜力。
● 在实践中实现该模型，应用并改进。
● 反思该模式，稳定新的做法并加以推广，从而使其平常化，成为惯例。

资料来源：恩格斯托姆和桑尼诺（Engestrom & Sannino，2010）。

恩格斯托姆和桑尼诺（Engestrom & Sannino，2010）认为，拓展性学习循环在空间和时间上是分开的，因此不容易被观察到。更重要的是，我们的社会需要促进和支持那些深思熟虑的变革努力。这也是维果茨基提出了不同类型的形成性干预措施来推动拓展性学习循环转变的原因。根据马克思主义的革命实践传统，理论不仅有助于研究和解释社会现象，也能在实践中带来社会变革（Sannino & Sutter，2011；Sannino，2011b）。根据这一传统，文化历史活动理论是一种实践中的干预主义和积极主义的社会变革理论。其中，有三项形成性干预措施：临床活动法（Clinic of Activity）、第五维度法（Fifth Dimension）和革新实验室。这些都基于两个认识论原则：前面讨论过的从抽象到具体的原则，以及双重刺激原则。

双重刺激理论首先由维果茨基提出，旨在帮助被试解决问题。

维果茨基通过文化工具和符号来研究行为中介中的人类心理功能（Engestrom，2011）。在双重刺激实验中，被试感受到了两种类型的刺激：

> 第一个刺激是问题本身。人类利用外部人工物，通过赋予它们重要的意义，将其转化为符号。这些符号被用作第二刺激，被试在第二刺激的帮助下控制自己的行为，并对初始情况或问题建立新的理解。维果茨基（Vygotsky，1987，p. 356）认为，在这一过程中，被试将一个对他或她来说毫无意义的情况转变为一个有明确意义的情况。
>
> （Sannino，2011a，p. 585）

革新实验室

革新实验室中的"基本理念就是在工作地点内布置一个空间，里面有一套丰富的仪器，用于分析干扰和构建新的工作体验模型"（Engestrom et al.，1996，p. 1）。来自一个较大组织试点单位的成员们连续几个月（包括后续行动）每周都会和研究人员以及活动系统的其他代表（如管理层）会面。有时，会议采取跨界的形式，来自相关活动系统的成员（如客户和供应商）也会参与变革工作。

举办革新实验室研讨会所需的基本设备是一套"3×3"的书写媒介，以便就工作活动进行头脑风暴，外加一台摄像机，用于录制会议视频，供日后分析。参与者坐在书写媒介面前，同时有一个人负责记录下他们的想法。例如，这些媒介可以是三块既可纵向使用又可横向使用的挂纸白板。白板的水平维度代表了不同的抽象程度：其中一端是镜面材料，用来在小组内引发讨论。这些镜面材料都是由研究人员通过现场观察收集而得。水平维度的另一端代表工作活动模型/愿景，即"生殖细胞"及其发展。中间部分代表了发展过程中的创意和使用的工具。白板的垂直维度代表对活动系统的必要历史分析，包括现在、过去和未来。

而挂纸白板则代表记录以往会议成果的页面。在会议期间，人们可以按照时间顺序进行讨论并观察。例如，与会者会从当前的突出问题讨论到该问题过去的情况，追溯其根源。这样能够帮助与会者更好地理解矛盾本身，从而设想一种全新的"生殖细胞"，不断丰富，最终成为一种能够真正实现的模型。这个过程，即从抽象到具体，是形成性干预的两大原则之一。另一个原则是双重刺激。在革新实验室中，第一个刺激表现为镜面材料，揭示了活动系统的矛盾，并试图触发群体内部的辩证逻辑。第二个刺激是整个活动的新模型，能够帮助解决问题。在这样一个高度媒介化的学习环境中，参与者通过表面的横纵向维度推动了拓展性学习循环的不断发展。

回到镜面材料本身，它们可以是说明日常工作活动和问题的视频、采访、文件或图表。镜面材料"用于激发参与者参与、分析和协作"（Engestrom，2011，p. 612）。参与者应该"照镜子"，反思自己参与的工作活动。镜面材料还旨在帮助参与者从另一个角度看待问题。研究人员在实地研究中收集尽可能多的材料，并对活动系统内部和活动系统之间可能存在的问题做出假设。为了触发辩证逻辑，在研讨会期间，研究人员会基于参与者所做假设向他们展示材料的选择。桑尼诺（Sannino，2011a）认为，镜面行为是第一个刺激因素，"具有高度的冲突性，使用镜面材料旨在激发参与者主动参与干预"（p. 594）。

一些循环可能发生在微观层面，并且不止一次在会议上出现，因此具有潜在的拓展性（Engestorm & Sannino，2010）。另一个重要方面是，上述拓展性学习的六个阶段是标准阶段。换言之，在革新实验室的研讨会上，它们不一定按照所描述的顺序出现，有些阶段甚至可能根本不会出现。尽管如此，近期在芬兰一所大学图书馆进行的一项关于革新实验室的初步研究似乎证实了拓展性学习循环的总体结构（Engestrom et al.，2013）。

在研讨会期间，我们可以向参与者展示和解释恩格斯托姆三角模型（Engestrom，1987），以帮助分析工作活动。由于双重刺激原则，三角模式具有媒介作用，小组也可以对其进行修改，使其更有效地解决问题。在这方面，恩格斯托姆（Engestrom，2011）认为：

> 一个有效的第二刺激是由参与者积极构建的。这并不意味着第二刺激最初不能由干预主义者提出。在革新实验室里，干预主义者通常建议参与者使用活动系统的三角模型作为分析和设计的模板。然而，尽管参与者可能确实会使用提供的模板，但他们迟早会切换到自己的模型或工具，或至少用自己的内容修改并填充模板。（p. 24）

在赫尔辛基医院进行的一项研究中，恩格斯托姆、帕萨宁、托伊维埃宁和哈维斯托（Engestrom, Pasanen, Toiviainen & Haavisto, 2005）展示了革新实验室的成果——一张被刻画为变形虫的患者海报，其中外部是根据模型可能看到的疾病，该模型考虑了疾病和医学不同专业类型之间可能存在的相互作用，因此鼓励专业人员之间跨界。这一案例还介绍了拓展性学习研究是如何促进集体概念形成的，这也是下一节的主题。

概念形成

在拓展性学习中，我们可以将生殖细胞模型的发展作为集体概念的形成来研究。一般来说，理论概念一直是研究人员感兴趣的对象，因为它们能驱动个体行为。然而，很多的研究通常将其视为独立于环境、从属于个体的恒定存在。恩格斯托姆等人（Engestrom et al., 2005）认为，可以从另一个视度更好地研究理论概念。首先，将概念看作集体智慧的结晶且不断与时俱进，有助于我们更好地理解概念。其次，概念在不同观点的基础上产生，因此本质上具有争议性和可变性。再次，理论概念能够指导行动且指向未来，因此里面包括了愿景、模型和影响。最后，当理论概念受到挑战和被应用于实践时，我们就能更好地理解它们。因此，概念形成既展示了学习的垂直维度（从生殖细胞到完整模型），也展示了不同参与者和观点之间的水平维度，即所谓的跨边界行为。在这方面，恩格斯托姆认为，专业技能的水平维度（也许是目前最有趣的维度）可以通过库辛（Cussin，1992）的认知轨迹理论来检验。我们可以将这个过程比喻为个体在探索一个领域。走过同样一个新领域，人们可以开辟新道路，但同时也会重复其他人走过的路。随着一些道路成为地标，人们逐渐熟悉这一领域。认知轨迹理论认为，有待发现的领域是新的共享概念。参与者沿着轨迹讨论和探索概念，一开始全新的概念往往会经过不断重复，轨迹稳定下来，从而形成了共同的概念。概念形成对于革新实验室而言尤为重要，因为研究人员可以通过参与者的记录和思想来追踪和研究概念。因此，我们可以将主动性和创业素养作为一个激发个体行为的共同理论概念来研究，并通过学生在革新实验室研讨会期间设计的导图进行追踪。

第三章　比较研究

本章主要探讨了在创业教育的比较模型中采用革新实验室时所做的系列选择，以及在进行研究时为加强严谨性和科学性而采取的方式。本章将会展示比较研究的时间表，在每一种环境下都将包括如下四个阶段：第一，申请授权和伦理批准；第二，在课堂和工作场所进行参与式观察；第三，举办革新实验室研讨会；第四，后续跟进阶段。接下来第一个讨论的话题是质量保证。

质量保证

根据研究信息网络（Research Information Network，简称为 RIN）的报告（RIN，2010），出于各种各样的原因，质量保证与评价非常重要。由于资金有限，必须资助最好的研究课题与研究人员。质量保证对于确保研究计划正确、有效且高效地执行也非常有价值。一旦项目完成且成果已经准备好用于展示，就有必要进行控制，验证出版物是否具有高质量。根据研究信息网络的同一篇报告，确保与评价研究计划质量的衡量方法因领域、学科而异，但大致都包括以下六个步骤：研究项目提案、项目期间监测和监督、与同事分享早期发现、正式出版、数据共享、出版后评估与审查。接下来的内容将会描述在本研究中如何进行质量保证。

首先，有两所大学参与监督本研究的博士项目，分别是威尼斯大学和墨尔本大学，两所大学采取不同的严格标准来确保研究的质量。此外，两名监督员来自两所不同的大学且专长不同，这样更能确保本研究的质量。来自威尼斯大学的监督员在创业的社会文化研究领域有着极为丰富的知识；而来自澳大利亚的监督员则擅长职业教育和培训与比较教育政策模型。

此外，确保理论模型的正确应用对保证研究质量至关重要。在社会文化研究中的创业教学方面，2011年研究人员有机会在赫尔辛基暑期学校参加了为期一个月的"活动理论和形成性干预"课程。在那里，他直接从理论家恩格斯托姆、桑尼诺和其他学者那里了解到了形成性干预和革新实验室。该研究项目在不同阶段分别递交给了桑尼诺和恩格斯托姆，以及意大利社会文化研究和素养领域的顶尖专家安娜·玛丽亚·阿杰罗（Anna Maria Ajello）。

同行评议对于质量保证也很重要。该研究项目分别在四期不同的暑期学校提交并讨论（意大利教育和培训研究学会［Siref］2011年、2012年、2013年暑期学校；布雷萨诺内大学［University of Brixen］2013年暑期学校）。2012年10月，该项目也提交给赫尔辛基大学的活动、发展和学习研究中心（Center for Research on Activity, Development and Learning，简称为CRADLE），研究文化历史活动理论的博士生和其他专家对其进行了讨论。同行评议的出版物是监测研究项目质量的最后一个重要因素。有关本研究的文章已经在意大利国内外领先的同行评议期刊上刊登过五次。

意大利和澳大利亚：两种教育体系的比较

起初，研究人员不赞成建立两个革新实验室研讨会，由于革新实验室通常需要大量的准备工作和数据分析，因此通常一个研讨会就能为博士论文提供足够的材料。但是，研究人员在导师们的帮助下，选择建立两个革新实验室，并对这两种环境进行比较，从而确定能够推广到其他职业教育环境中的创业教学要素。该研究被看作一个比较项目。除了意大利外，研究人员在其导师和博士生院协调员的帮助下试图寻找一个体系完全不同的国家，这样就能与意大利的职业教育和培训体系进行比较。此外，不能是欧洲体系下的教育系统，因为欧盟各成员国的教育政策日益趋同。而澳大利亚提供了一个截然不同的职业教育和培训体系的范例，并且由于这两所大学之间签订了协议，因此才有可能建立合作关系。

这两种背景之间的一个重要差别在于提供职业教育的场所不同，以及是否允许学生在大学继续深造。在意大利，小学教育为期 5 年，中学教育分为两个部分：初中 3 年，高中 5 年。在澳大利亚，教育的提供方式因州或地区而异：例如在维多利亚州，小学 6 年，中学也 6 年。因此，在意大利获得高中文凭需要 13 年，而在澳大利亚则需要 12 年。

在意大利，高中职业教育由地区或国家机构提供。地区机构提供四年制的职业资格证书（ISCED 353）。学生接受由国家技术学院或职业学院提供的职业技术教育，可以进入大学继续深造。这些学院提供五年制的职业资格证书（ISCED 354）。学生在临毕业时参加国家考试，通过考试后即可进入大学学习。对于中学课程而言，一旦选定了学校和专业，所有科目皆为必修课。如果有少数科目不及格，则意味着需要在暑假学习，并在下一学年初参加补考；但如果有大量科目不及格，则意味着需要复读一年。近来，改革引入了高等技术学院（Istituti Tecnici Superiori，简称为 ITS），这是一种为期一年的中学后职业教育，而非高等教育（ISCED 453），以及高等技术教育和培训学院（Istruzione e Formazione Tecnica Superiore，简称为 IFTS），这是为期两年到三年的高等职业教育路径（ISCED 554）。两者中的工作占比都很大，至少为30%。近年来，中学引入了一种教学工具，称作学校—工作交替制，允许 15 岁或 15 岁以上的学生在上学期间进行长期的工作体验。这样做可以使学生学习到与课堂上一致的素养。本项目采用了这种方法，在五年级开始时为学生提供两个月的工作经验。

相比之下，尽管澳大利亚的大多数学院也有职业课程，但一直以来都提供通识教育。其教育模式具有一定的自由度，学生可以选择他们认为合适的科目。在澳大利亚维多利亚州（本项目已在此开展），在顺利完成通识教育后，学生将获得维多利亚教育证书（Victorian Certificate

for Education，简称为 VCE）（ISCED 344），能够继续接受高等教育。
11 年级（Year 11）和 12 年级（Year 12）的学生也可以选择实践课程，
除了基本的读写和计算技能外，该课程还提供与工作相关的经验。所获
得的证书被称为维多利亚应用学习证书（Victorian Certificate for Applied
Learning，简称为 VCAL）（ISCED 352），与维多利亚教育证书类似，
它是一种经认证的二级证书。然而，与之不同的是，仅凭借维多利亚应
用学习证书，学生无法继续接受高等教育。中等教育所提供的证书通
常是一级证书和二级证书，因此与行业的联系很少，有时也提供三级
证书，但需要在校实习（带薪）或参加培训（无薪），并与行业建立联
系。一级、二级和三级证书皆由学院颁发，有时注册培训机构会辅助提
供专业领域的支持，例如提供教师和工作安排。由技术与继续教育学院
和注册培训机构提供的其他职业资格证书，包括高中四级证书（ISCED
454）和高等教育文凭（ISCED 554），有时允许学生攻读与其行业部门
相关的学士学位。

在意大利的伦巴第（Lombardy）大区建有一个建筑测量员培训技
术学院。我们选择了其中的两个班级，当时这两个班级是由 17 岁的四
年级（Grade Ⅳ）学生组成。本项目的工作核心（工作安排和革新实验
室研讨会）开始于五年级初。比较研究的另一方是澳大利亚墨尔本郊区
的一所天主教学院（中学）。其中一个班正在攻读儿童保育三级证书：
该课程由学院和注册培训机构联合开设。注册培训机构提供教师、资料
和工作安排。天主教学院与该地区其他学校交流后发现学生们很适合这
门课程。这些学生分别读 10 年级（Year 10）和 11 年级，也就是 16 岁
和 17 岁。这意味着他们中的一些人比意大利的被试小一岁。

项目时间表

如表 3.1 所示，在这两种背景下，该项目都包括必要的授权和伦理
批准申请、实地观察、革新实验室研讨会和后续工作。

表 3.1　总体项目时间表

	2011 年	2012 年					
	11/12 月	1/2 月	3/4 月	5/6 月	7/8 月	9/10 月	11/12 月
意大利	SP	SP				CL	FU
澳大利亚			RA*	OP	CL		FU

注：SP = 选择参与者，OP = 观察式参与，CL = 革新实验室，FU = 后续工作。
* 原文未注解 RA，据上下文推断为 "Request for Authorization"，即申请授权。——译者

表 3.1 总结了自 2011 年 11 月至 2012 年 12 月在澳大利亚和意大利进行的比较研究项目。在意大利，该项目于 2011 年底启动，开始申请必要的授权以便在技术学院开展研究，并向学生及其家人介绍项目情况。接着持续到 2012 年 1 月和 2 月，在参与项目的两个班级进行实地观察，并在 2012 年 9 月和 10 月举办了八次革新实验室研讨会，整个项目告一段落。在澳大利亚，该项目于 2012 年 3 月和 4 月启动，开始寻找合适的环境，申请授权，以及寻求伦理批准。2012 年 5 月，可能会在参与项目的班级开展实地观察，并一直持续到同年 8 月。与此同时，在 7—8 月期间举办六次革新实验室研讨会。在这两个环境中，2012 年余下的工作以采访、电子邮件、问卷调查和会议等形式进行追踪回访。2012 年 12 月，所有数据收集完毕，研究人员开始进行数据分析。

向读者展示完比较研究项目的时间表后，接下来将更详细地描述研究的不同阶段。这些阶段包括参与者的选择、伦理和知情同意；课堂和工作场所的观察式参与；革新实验室研讨会以及研讨会期间使用的镜面材料说明；以及后续工作，这里节选了调查问卷的一部分具体内容。

参与者的选择

按照意大利和澳大利亚的规定，该项目始于确定合适的项目背景以及向参与者请求授权、批准和知情同意。在这两个国家中，获得开展该研究许可的途径截然不同。在意大利，根据学校自治章程，需要由学校

主管将这项研究提交给学校理事会进行初步批准。因此，该研究首先被介绍给了学校主管，他向学校理事会提出了要求。在此之后，学校主管组织了一次会议，研究人员以及两个适合该项目的班级（当时为四年级）的建筑老师参加了此次会议。在会议上，研究人员向教师们解释了项目的目标和形式。教师们一致认为该项目很有趣且具有可行性。会议决定，由教师利用他们与当地行业的联系来寻找雇主，让学生们获得工作经验。同一批教师还将该项目介绍给了各自的班级委员会，后者给予了第二次必要的批准。该项目最终由研究人员介绍给了可能参与的学生家长，然后再介绍给了班里的学生。研究人员向这些家长明确表示：班里 45 名学生中只有 15 人可以参加此次体验。最终，研究人员获得了教师和学生的书面知情同意书。

在澳大利亚，这一过程相对较长。经与墨尔本教育研究生院教育政策和领导力部门取得联系，研究人员在该部门的安排下对墨尔本郊区的一所天主教学院进行了为期一天的访问，并找到了合适的职业课程。该项目随后通过了维多利亚天主教学校地区委员会的授权。与此同时，向墨尔本大学提交了伦理批准申请。该过程分为两个阶段，耗时两个多月。这些步骤都完成以后，研究人员可以向学生们介绍该项目，并进行实地观察。研究人员只征求了参加研讨会学生的书面同意。

在以上两种环境中，学生参与该项目皆出于自愿。研究期间遇到了一个问题，即有多少学生可以参加革新实验室研讨会。文献里并没有给出关于"应该有多少人参加研讨会"的指导意见：革新实验室通常在"大型组织中相对独立的试点单位"进行（Engestrom & Sannino，2010，p. 15），学校（大型组织）的班级（试点单位）就是如此。在赫尔辛基暑期学校期间，有人向研究人员建议，15 人是研讨会的理想人数，能够让每个人都有机会参与进来。如果少于 10 人，就可能会限制观点，因而更难引发辩证讨论。相比之下，倘若有 20 名或更多参与者的话，就很难让每名参与者都贡献观点。因此，理想的研讨会小组规模为 15 人，外加研究人员。由于还需要教师和工作导师为研讨会注入相关观点，因此我们的想法是选择 10 多名学生。

在意大利，这意味着在两个班（45 名学生）中，只有四分之一的人可以获得工作安排和参加研讨会。显而易见，这一选择可能会造成紧张的态势。由于学生在学校期间的长期工作经验可以放入简历，因此该项目在学生眼中很有吸引力。

另一个吸引人的因素是项目将会组织研讨会来促进学校和工作之间的协调合作。学生不会被独自留在工作场所，这一工作体验也不会让学生变成雇主的廉价劳动力。使该研究具有吸引力的最后一个因素是威尼斯大学、墨尔本大学和赫尔辛基大学都会参与其中，这引发了当地媒体，包括电视和报纸的兴趣。事实上，学校校长早已将这一举措告知当地媒体，以展示其学校课程的前沿性，以期第二年能增加招生规模。

建筑老师向两个班的学生明确了参与标准。第一个标准是他们的分数。由于该项目预计于 9 月份开始，与补考同时进行，因此在 6 月份学年结束时，任何参与的学生都不能有需要补考的科目。第二个考虑因素是学生到项目工作场所的距离。这是因为只有少数学生会开车，而乘坐公共交通工具到达工作场所将会很麻烦。第三个选择标准是学生毕业后的意向，即打算找工作，而不是继续学习。参与的学生可以将这段经历写在简历上，有助于求职。此外，雇主也可以表达他们有兴趣让学生毕业后受到聘用。在利用这些标准进行筛选后，只有 1 名学生拒绝加入，共计 13 名学生入选。

在澳大利亚，班级由 17 名学生组成。当提出该项目时，研究人员本希望班上所有人都有兴趣参与进来。然而，与意大利不同的是，这里的每名学生都有工作经验。校长虽然批准了这项研究，但从没有来过研讨会了解情况，也没有为此做过宣传。课堂上的气氛相当消极，学生们表现得很抗拒。许多人把这一项目看成额外的作业，并拒绝加入；最后只有 5 名学生参加。因此，澳大利亚的试点小组规模非常小。不过，这也使项目中的每名学生都能充分投入并积极参与，最终这些学生都很高兴参与了此次研究。

观察式参与

实地研究在文化历史活动理论中很重要，因为研究人员需要深入活动系统的文化环境中去理解参与者对于工作的贡献。只有站在参与者的立场上，研究人员才能对其日常活动中断背后的矛盾做出恰当的假设（Sannino，2011a）。历史分析也很重要，因为只有了解活动系统的历史，才能预见它的未来（Sannino，2011a）。由于在研讨会期间，研究人员需要推动学习行动，他们必须对活动系统及其历史有扎实的了解。在实地研究中，研究人员参与日常活动，收集所有中断、紊乱和偏离常规工作活动的数据，同时也记录常规工作活动。在此项目中，无论在学校还是在工作场所，观察式参与都是必要的，因为学生在这两个活动系统中都可能面临问题。一般来说，研究人员避免采访那些即将参加研讨会的人（学生、教师、工作导师），而是将其他关键人物的意见、批评和观点带入研讨会。其目的是丰富研讨会的内容。表 3.2 总结了在澳大利亚和意大利所进行的实地研究。

表 3.2　意大利和澳大利亚的实地研究

		意大利	澳大利亚
在学校	组织工作	两个月，每个班级一周两次	四个月，一周一次
	材料收集	现场记录和文件	
	视频/采访	6 名教师（2 名学校副校长，1 名负责实习安排） 12 名学生 1 名校长	3 名教师（2 名来自注册培训机构的技术教师，1 名学院的生涯指导教师）
在工作场所	组织工作	两个月，一周两次	两个月，一周两次
	材料收集	现场记录	
	视频/采访	4 个工作活动 3 名工作导师	3 名儿童保育中心主任 5 名工作导师

表 3.2 中的行表示在学校和工作场所进行的实地研究。在意大利两个月的时间里，每周对每个班进行两次实地观察。在澳大利亚，每周进行一次课堂观察，为期四个月。在意大利，研究人员采访了 6 名教师，其中 2 名是副校长，另一名负责实习安排。同样在意大利，他还采访了12 名四年级和五年级的学生，他们在前一年已经获得了两周的工作经验。相比之下，在澳大利亚却无法采访儿童保育课程的学生，因为没有获得他们的同意。研究人员采访了参与研究班级的 3 位老师。在这两种背景下，写现场记录（在澳大利亚，研究人员在电脑上做笔记）或收集创业文件和课堂材料（如讲义、测试、课题等），以及与学生交谈都是得到允许的。

在意大利和澳大利亚，工作场所的实地研究会持续两个多月，与研讨会同时进行。在意大利，研究人员可以在四种不同的环境中对参与工作活动的学生进行视频记录，并采访 3 位导师。在澳大利亚，研究人员采访了 3 名儿童保育中心主任和 5 名工作导师。

意大利的实地研究始于 2012 年 1 月。在两个月的时间里，研究人员会走进这两个班级，坐下来和学生们聊天。研究人员也会上课和参加其他活动，如研讨会、体育活动和测试。在此期间，研究人员甚至可以采访参与研究的两个班以外的其他班学生，这些学生在前一年做过了短暂的工作，研究人员可以让他们就其所获得的素养谈谈这一工作安排的意义。其他采访对象包括班级教师、副校长以及过去和现在负责工作体验的教师。在这个过程中，研究者还试图追溯这所学校的历史。2012年 9 月和 10 月进行了第二阶段的观察，当时意大利学生每天都要去工作场所，并在每周四下午参加革新实验室研讨会。实地研究将会以半天参观的形式进行，通常是去建筑工地参观。在这种情况下，研究人员可以对参加公司工作活动的学生进行视频记录。

在澳大利亚，观察式参与每周进行两次，一共持续了四个月。2012年 5—8 月，在举行革新实验室研讨会时，研究人员还参观了学生的工作场所，观察了学生与儿童的互动。研究人员还采访了工作导师和负责人。由于没有一位工作导师或儿童保育中心主任能够参加研讨会，因此只能在研讨会期间通过播放对他们的采访视频来表达他们意见。所有接受采访的人都签署了书面同意书。

革新实验室研讨会

革新实验室研讨会，配合学生进行长期的工作体验，是这种创业教育模式的核心。本节将详细介绍参与者、会议、背景以及用于触发辩证逻辑的镜面材料类型。表3.3总结了在意大利和澳大利亚参加革新实验室研讨会的主要人数。

表 3.3　革新实验室研讨会参数

		意大利	澳大利亚
参与者 / 人	学生	13	5
	工作导师	4	0
	教师	3	2
临时参与者 / 人	工作导师	2	0
	教师	2	1
	学校校长	1	0
	职业教育和培训协调员	0	1
会议数量 / 次		8	6
组织安排	时间	星期四 下午2：00—3：30	星期二 下午1：00—2：00
	地点	在学校内	

表3.3首先确定了会议的参与者，并区分了几乎每次都来参加的参与者和只来过一两次的参与者。在两种背景下，每个人都是自愿参与的。在意大利，有13名学生参加了研讨会，而在澳大利亚，有5名学生。在意大利，4名工作导师和3名学校教师也参加了会议，而在澳大利亚，有2名学校教师参加了会议。在意大利，另外2名工作导师，2

名学校教师甚至校长都会来观察革新实验室的动态。相比之下，在澳大利亚，只有教师／课程协调员与职业教育和培训协调员会来。在意大利，每周四举行会议，共计举行了 8 次；在澳大利亚，每周二举行会议，共计举行了 6 次。在意大利，会议会持续一个半小时，而在澳大利亚，会议只持续一个小时。这两种背景下，参与者都会在学校会议室会面，而不是在参与者平时上课的房间里。关于这点，恩格斯托姆等人（Engestrom et al.，1996）建议，工作场所是举行会议的好地方（而不是学校）。在这项研究中，最初的想法是在校外的工作场所见面，这样学生就可以更自由地参与，工作导师也会更容易加入。然而，从组织安排的角度来看，学校是最方便的会面地点，因为学校里有所需要的材料：大型会议桌、投影仪和挂纸白板。

在意大利，从 2012 年 8 月底开始，每周都会举办一次研讨会，为期八周。第一次会议在周六上午举行，只有学生、研究人员和学校校长参加了会议。其余的会议都在周四举办，会议的参与者有 2 名建筑教师、1 名人文学科教师兼副校长以及 4 名工作导师中的至少 2 位。在澳大利亚，研讨会于 2012 年 7 月开始。学生、生涯指导教师以及学校教师（大多数时候）都参加了这六次会议。在这两个背景下，每次会议都会持续一个小时或更长时间。

革新实验室的背景

两组情境下的参与者分别坐成一个半圆形，面对着投影镜面材料的屏幕。根据建立革新实验室的双重刺激原则，镜面材料充当第一刺激——参与者面临的冲突或问题（Engestrom，2011）。在这个项目中，这些镜面材料包括工作导师、学校主管、儿童保育中心主任的采访、文件、以往会议的结果以及展示学生工作活动的视频。在澳大利亚，研究人员避免在会议上播放参与该项目的学生在工作活动中的视频。这是因为年轻的参与者正在与儿童互动，而这可能会涉及隐私相关的问题。此外，澳大利亚学生相当害羞，不喜欢看到自己的影像。相比之下，在意大利，在研讨会中播放学生的视频完全没有问题。

革新实验室设置三个书写媒介，在上面可以围绕工作活动进行头脑风暴。此外，墙上悬挂一个媒介用于投影演示文稿，帮助记录每次会议。每次会议结束时，研究人员都会收听录音，在一张新的幻灯片上以项目符号的形式对研讨会的内容进行总结，并在下一次会议上用这张幻灯片来回顾上一次研讨会的主要问题，从而使整个革新实验室研讨会的过程给人一种连续性的感觉。这一策略取自费厄斯坦对课程的论述，让课程成为一种中介学习经验（Feuerstein et al.，2010）。另一个提醒参与者上次问题的有效策略是，在会议开始时，大声朗读上一次会议期间引发讨论的句子。幻灯片还用于展示除革新实验室研讨会外的其他会议的结果，如职业教育和培训协调员会议以及学生可能感兴趣的班级委员会会议。根据恩格斯托姆（Engestrom，1994）的理论，在这两种背景下，幻灯片的展示对绘制图解或图表十分重要，并可以帮助参与者设想未来的工作活动。

在意大利，演示文稿还用于展示在第一次和第二次会议上对学生、教师和工作导师进行主动性和创业素养问卷调查的结果。意大利的会议室中还有两张挂纸白板。当演示文稿和视频被投影到墙中央时，挂纸白板被放置在左侧和右侧。一名学生被任命为记录员，记下会议上提出的要点。另一个挂纸白板用于绘制图解，例如新创意、概念或研讨会总结。出于同样的目的，我们给澳大利亚的学生发了海报纸。在意大利和澳大利亚，学生绘制的导图被制作成电子版并放入演示文稿中，以便在适当的时候进行追踪和投影。那些十分有趣的图表在研究结果中被描述为代表共同概念形成的人工物。从双重刺激原则来看，这些海报和图表属于第二种刺激，是被试为找到问题的解决方案而制作（或改编）的。

另一个重要因素是在研讨会期间创造一种合作氛围，让学生们可以自由地发表自己的看法。研究人员在主持小组会议时，尽量不过多干预，给参与者留出尽可能多的空间。研究人员鼓励学生们积极参与会议。有时学生们很害羞，但大多数时候，尤其是在观看了镜面材料后，他们会提出自己的观点，讨论也会变得活跃起来。出于同样的原因，会议会以灵活的方式组织和管理。研究人员总是事先准备好研讨会期间要展示的材料：其中包括摘要以及镜面材料（视频、图表和文件）。每次研讨会开始时，都会先总结上一次会议的内容。然后，在镜面材料，教师、导师和学生的创意或问题的提示下，开始讨论。只有在讨论明确结束后，研究人员才会拿出新的讨论材料。

研究人员还向参与者介绍了革新实验室的符号学工具。参与者有必要了解恩格斯托姆三角模型和拓展性学习循环（Engestrom & Sannino, 2010），以便理解研讨会的意义，换言之，能够系统地分析他们的工作活动，观察主体、对象、规则、分工、共同体和工具之间的互动。为此，在第一次会议上，研究人员向参与者展示了恩格斯托姆三角模型，并提供了实例。在澳大利亚的背景下，研究人员投影了恩格斯托姆三角模型，并举例说明了与班级环境相关的规则、分工、共同体、对象和工具。接下来，要求小组将各自的工作场所作为活动系统的一个范例，利用三角模型作为分析工具来举例说明规则、分工、共同体、对象和工具，以便思考这些要素是如何相互联系的。从一个共同的对象——学生的学习来看，只有在第二次会议上，分析对象才扩大到学校和工作场所这两个相互作用的活动系统。事实证明，这项工作是成功的，因为参与者已经习惯于使用三角模型来分析活动系统内部和系统之间的相互联系。例如，有位老师对恩格斯托姆三角模型非常"认同"，她认为该模型有助于观察构成活动系统的要素是如何交织在一起的。我们不应将一个要素视为独立的存在，因为大多数问题或资源都产生于与其他要素的相互联结。在意大利，让参与者熟悉革新实验室这一工具的方式略有不同。第一节课向学生们解释了恩格斯托姆三角模型，并在学校环境中举例说明了其构成要素。之后，根据学生们所在的工作场所将其分成小组，并发给他们一张海报，要求他们使用恩格斯托姆三角模型，将工作场所视为一个活动系统，思考其分工、共同体、规则、工具、对象和结果。接下来，每组都要向全班同学解释他们的导图。例如，图3.1是一组在地方政府工作的意大利学生制作的导图。

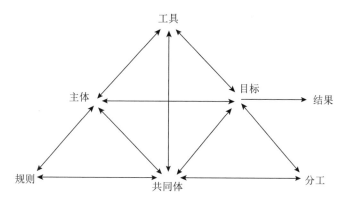

图 3.1 学生们用恩格斯托姆三角模型来展示他们的工作场所
（Engestrom，1987，p. 87）

三角模型展示了工具（在顶部）、学生主体（左中）以及目标和结果（右中）。在底部，从左到右依次是规则、共同体和分工。在图 3.1 的顶部，学生们展示了进行活动所需的工具，如测量员的仪器和计算机。左中是活动的主体：学生参与工作体验。左下角是规则，例如尊重其他工作者和工作场所，遵守建筑工地的安全规定。底部中心是曼图亚省街道维护和设计部门的工作者共同体。右下角是分工。学生研究和分析设计图及其在建筑工地上的应用。右中表示，学生们认为活动的目标是获得执行任务的实用技能和有用信息，而最终结果是提高了道路的安全性和机动性。与意大利的例子类似，在澳大利亚，学生首先根据恩格斯托姆三角模型描述他们的班级，然后再描述他们的工作场所。在这两种背景下，拓展性学习的循环也被投影在会议上，以表明设计工作往往会经历不同的阶段（Engestrom et al.，2013）。

镜面材料

镜面材料包括视频、文件和访谈，旨在促进研讨会期间的参与和讨论。这些材料是在学校和工作环境中进行实地研究时收集的。表 3.4 概述了向意大利和澳大利亚的参与者所使用和展示的镜面材料。

表 3.4　向意大利和澳大利亚的参与者展示的镜面材料类型

镜面材料		意大利	澳大利亚
活动录像 / 个	学生参与工作相关的活动	2	
采访视频 / 个	学生采访	1	
	工作导师采访	1	1
	儿童保育中心主任采访		2
	学校校长采访	1	
幻灯片	会议结果	班级委员会	职业教育和培训协调员会议
	关于主动性和创业的材料	第七项欧盟核心素养问卷调查数据 澳大利亚如何看待就业技能 第七项欧盟核心素养主动性和创业手册	

　　表 3.4 中各行展示了镜面材料的种类，共分为三大类。第一类镜面材料是展示学生在工作场所活动的视频。在意大利的研讨会期间，两段不同建筑工地活动的视频被用来引发讨论。第二类镜面材料由对关键人物的采访组成。在意大利，共进行了三次采访：一次是学生，一次是工作导师，第三次是校长。在澳大利亚，共有三次采访被用作镜面材料：一次是一位工作导师，另两次是儿童保育中心主任。第三类镜面材料以幻灯片的形式播放。这些可能是在其他地方举行的会议的结果。在澳大利亚，用一张表格总结了会议结果，会议是前一天注册培训机构的课程协调员与职业教育和培训协调员举行的。同样，在意大利，在研讨会期间播放了班级委员会的会议结果。同时，关于第七项欧盟核心素养的问卷调查结果以及澳大利亚的就业技能图片也会在意大利研讨会期间用作镜面材料。

数据的收集

　　根据革新实验室的相关文献，在革新实验室结束后，有必要召开一次后续会议总结情况，查看新的模式或实践是否已经稳定了下来。此外，学者们还建议对会议进行转录，用于发现活动系统中正在出现的矛盾，并记录下参与者的能动性（Engestrom & Sannino，2010）。在研讨会结束两个月后再安排与参与者的后续会议是不可能的，因为这两个国家（意大利和澳大利亚）相距甚远。此外，由于研究人员及其导师不仅对两次研讨会引发的变革感兴趣，还对参与者的主动性和创业素养感兴趣，所以，他们计划尝试一次不一样的数据收集方式，包括向每位参与者发放不同形式的关于主动性和创业素养的问卷，以及与学校教师和协调员进行后续访谈和会议等。此外，学生制作的导图也是另一个重要数据来源，如表 3.5 所示。

表 3.5　在意大利和澳大利亚的后续工作

				意大利	澳大利亚
学生制作的导图 / 幅		有关活动系统的		4	0
		有关课程总结的		7	3
调查问卷	类型	前测	定量	在第一次会议期间完成	
		后测	定量	在最后一次会议期间完成	在家完成
			定性		通过电话采访完成
	受访者 / 人	学生		13	4（定性部分有 5 个）
		工作导师 *		3	
		教师 *		3	2
后续	会议				职业教育和培训协调员与生涯指导教师注册培训机构协调员
	邮件			3 名老师（2 次）1 位校长	

注：标注 * 的个体仅回答定性问卷。

　　第一行展示的是导图：在意大利，其中四幅是意大利学生在组成工作小组后，为实践恩格斯托姆三角模型所做的作业。另外七幅是在研讨会结束后绘制的，总结了讨论的主要成果。在澳大利亚，小组规模较小，研讨会也较少，学生们将讨论的有关解决方案进行了总结，绘制了三张导图。

第二行是问卷类型——定量问卷或定性问卷。问卷的定量部分共实施了两次，一次在系列研讨会开始时作为前测，一次在系列研讨会结束时作为后测，前测仅在意大利用作镜面材料。定性部分仅作为后测使用。至于后测，在意大利，定量部分和定性部分都在最后一次会议期间提供给了参与者。相比之下，在澳大利亚，定性部分是通过电话采访完成的，而定量部分是在家完成的。

除了问卷调查和学生们制作的导图外，研究人员还想更多地了解革新实验室研讨会在学校引发的变革。为此，研究人员将与学校的关键人员一起完成后续工作。在澳大利亚，后续工作包括两次会议：一次是与职业教育和培训协调员及学校的生涯指导教师会面，另一次则是与注册培训机构的课程经理会面。由于研究人员当时身处澳大利亚，在意大利的后续工作只有通过向关键人员、参与研究的三名教师和一位校长发送电子邮件才能实现。两种背景下革新实验室的后续工作可以详见第四章和第五章。下一节将对问卷进行深入描述。

调查问卷

调查问卷由两部分组成，根据情况分为英语或意大利语。第一部分是定量的，重点是与欧盟主动性和创业素养相关的知识、技能和习惯。这一部分试图了解学生在多大程度上认为他们在项目中提高了这种素养和他们的自我觉知水平（基于欧洲终身学习资格框架），以及相关特质对他们专业技能而言的重要性。这部分是自我报告，因此只提供给学生。最初的版本是用英语写的，后来被翻译成意大利语。

问卷的第二部分是定性的。从社会文化的视角来看，有必要理解全部参与者认为体验所具有的意义。因此，不仅是学生，学校教师和工作导师也填写了问卷。大家认为开放式问题最能说明革新实验室研讨会和第七项欧盟核心素养所具有的意义，因为这将使被试能够展示其主观性和理解力。最初的版本是用意大利语写的，后来被翻译成了英语。出于质量保证的原因，两份问卷都经过了专家小组对问项和措辞的筛选。

选择使用问卷可能显得不同寻常，因为在赫尔辛基大学的活动、发展和学习研究中心，每次革新实验室研讨会都会被记录，并进行文本和话语分析。而这在使用两种不同语言的两个革新实验室中是不可能实现的。此外，研究人员的注意力都集中在如何在研讨会期间思考和激发主动性和创业素养。因此，从欧洲教育政策的角度来看，定量问卷可以更好地说明创业教学的教育成果，而根据社会文化研究，开放式问题将会更好地考察参与者认为体验所具有的意义。2012 年 10 月，在活动、发展和学习研究中心展示该项目时，专家们建议对作为小组作品的导图和代表共同心理概念的成果进行分析。这种分析的目的是将革新实验室激发的参与者的集体能动性与主动性和创业素养联系起来。

多项选择题

问卷的这一部分旨在量化研究的教育成果。这两个实验都使用了第七项欧盟核心素养，即主动性和创业素养来作为衡量标准。知识、技能和习惯的描述是根据欧洲对主动性和创业素养的定义（见 European Commission，2007，p. 11），以及欧洲学校创业教育的具体学习结果（European Commission，2012d，p. 19）来选择的。由于研究对象是学生，因此没有考虑处理商务相关能力的指标描述。这一选择在文献中得到了支持，因为创业教学对社会经济的贡献不仅是创办企业，还包括就业技能的培养和内创业（Kozlinska，2012）。多项选择题问卷采用的第七项欧盟核心素养主动性和创业素养的描述如表 3.6 所示。

表 3.6 多项选择题问卷中关于第七项欧盟核心素养主动性
和创业素养的知识、技能和态度描述

第七项欧盟核心素养主动性和创业素养	
知识	为学校学生提供的服务； 与工作场所相关的专业实践（或工作流程）； 工作场所的工作机会和限制条件； 毕业后可获得的工作机会和受到的限制； 行业领域的社会角色和道德责任（创业如何成为一股向善的力量）。
技能	按照项目制工作； 规划任务的执行方式； 解决问题； 交流（新）想法； 协商对策（经过讨论和相互协商来安排或解决）； 团队合作（与他人高效合作）； 组织与学校和工作相关的活动。
习惯	自信（一种对自己和自身能力的信任感）； 创造力（产生新的想法）； 采取主动（发起或开始某事的能力）； 敢于冒险； 遇到问题时坚持不懈； 足智多谋； 自我管理（对自己的工作和学习负责）； 判断和识别自己的长处和短处。

资料来源：仅供学生使用的问卷。

　　总体而言，问卷由 20 个问题组成，均与第七项欧盟核心素养主动性和创业素养有关：其中 5 个与知识有关，7 个与技能有关，还有 8 个与习惯有关。

　　关于知识的问题调查了学生在多大程度上掌握了有用的信息，从而发现学校和工作场所中的机会。这些知识涉及为学校学生提供的服务；工作场所的专业实践和工作流程；工作场所和毕业后可能的工作机会；以及行业领域的社会角色和道德责任。个体应该意识到创业的道德责任，以及创业如何成为一股向善的力量。最后一个问题关于指导工作中个体行为的价值观，从能力理论来看尤为重要，在能力理论中，个人将想法付诸行动，同时为整个共同体创造价值。另一方面，关于经济运行方式的一般知识没有被纳入问卷，因为它与项目没有直接关系。

对职业教育和培训的学生而言，与主动性和创业素养相关的技能涉及积极的项目管理技能：按项目制工作；规划；解决问题；交流思想；协商对策，团队合作；以及组织与学校和工作有关的活动。与主动性和创业素养相关的其他商业技能被排除在外，包括制订商业计划、会计和评估。这些技能之所以被排除在外是因为该研究将创业视为一种社会现象，而不是一种创办企业的行为。因此，它将就业技能作为创业教育的入门级成果（Kozlinska，2012）。

本研究中使用的与主动性和创业素养相关的习惯与创业心态有关。它们是：自信；创造力；主动性；冒险；毅力；足智多谋；以及自我管理。这份清单还包括反思性习惯，比如识别和判断自己的优势和劣势的能力。

上述关于第七项欧盟核心素养的 20 个问题中的每一个都进一步根据三个维度进行了分析。第一个维度询问学生在多大程度上认为他们在此次经历中得到了提高。关于知识和技能部分的问题答案包括：根本没有、略微、有些、非常多。而关于态度的问题答案包括：比以前少、像以前一样（相同）、多一些、更多。关于知识和技能与习惯的问题，它们的答案之间之所以存在区别，是因为改变知识和技能相对容易，但改变态度需要付出更多的努力。后者需要更加精细的尺度来测量更小的变化。此外，对于一些态度，如自信，我们也考虑到了整体体验甚至可能对一些习惯产生负面影响。例如，一名学生声称革新实验室研讨会最终损害了她的自尊，她认为自己的贡献被老师们误解为很浅薄。根据恩格斯托姆和桑尼诺（Engestrom & Sannino，2010）的理论，在通过镜面材料分析工作活动时，被试将错误归咎于自己的情况并不罕见。在这种情况下，研究人员作为小组主持人，要做的就是将个人犯下的错误解释为活动系统主要矛盾的表现。

对于每一个关于主动性和创业素养的问题而言，第二个维度会要求学生根据适合其水平（年龄和年级）的欧洲终身学习资格框架（EQF）的描述来量化他们的水平。在意大利，建筑测量文凭属于技术培训，其学习结果与EQF 4级相当（ISFOL，2012，p. 85）。EQF 3级适用于由职业学院提供的较低水平的职业教育的学习结果，EQF 2级适用于高中一年级（Grade Ⅰ）和二年级（Grade Ⅱ），相当于澳大利亚的9年级（Year 9）和10年级。EQF 5级代表取得文凭之后参加的学徒实践，仅比学士学位低一级。同样，对于澳大利亚学历资格框架（AQF）的学习结果而言，3级等同于职业证书三级（Certificate Ⅲ），4级等同于职业证书四级（Certificate Ⅳ）（AQF Council，2013）。尽管如此，选择欧洲终身学习资格框架能够更好地比较这两个环境。由于入选澳大利亚项目的学生是11年级和12年级期望获得维多利亚应用学习证书的学生，对应他们的EQF学习成绩预期可能达到3级（在指导下工作和学习，但有一定的自主权），相当于意大利建筑测量技术文凭的预期4级成绩。换言之，就教育类型而言，澳大利亚三级证书相当于意大利职业学院提供的三年制学历。欧盟委员会（European Commission，2008，p. 2）对EQF 3级给出了以下描述："对完成工作或学习中的任务能承担一定的责任，在解决问题时能调整自身的行为以适应外在环境。"另一方面，对EQF 4级的描述是："能在通常可预测但又可能会发生变化的工作或学习情景里进行自我管理，能指导他人的日常工作，并负责对其工作或学习活动予以评价和促其改进。"

　　总之，表3.7的描述示例展示了多项选择问卷中匹配参与者职业教育等级和类型的欧洲终身学习资格框架等级。

表3.7　知识和技能问卷中对欧洲终身学习资格框架（EQF）等级的描述示例

	EQF 等级	对应的描述
知识		问题示例：你认为你对学校提供的学生服务了解多少？
	2	基本知识
	3	基本知识、原则、过程和一般概念
	4	广义的事实和实践知识
	5	综合性、专业化的事实和实践知识

续表

	EQF 等级	对应的描述
		例如：我可以以下列方式从事项目
	1	在事先安排的环境中，在直接指导下
按照自主程度划分技能	2	在指导下，但和我的导师一起做
	3	在指导下，但我要做一些决定
	4	独立完成
		例如：当我在团队工作时……
按照团队中积极互动的	2	我参与其中，但很少采取主动
能力划分技能	3	我参与并采取主动
	4	我积极参与
	5	我可以领导一个团队
		例如：我可以通过协商来……
	2	完成任务并解决日常问题
按照复杂程度划分技能	3	完成任务并运用基本方法解决问题
	4	提出具体问题的解决方案
	5	针对抽象问题提出创造性的解决方案

知识描述涵盖 EQF 2~5 级。在技能方面，第一、二、三、七题涵盖 1~4 级；而第四、五、六题涵盖 2~5 级。在习惯方面没有欧洲终身学习资格框架描述。关于这点，《欧盟官方公报》（*Official Journal of the European Union*，2008，p. 4）将欧洲终身学习资格框架模型中的素养定义为，"在工作或学习中以及在专业和个人发展中运用知识、技能的能力以及个人层面、社会层面和 / 或方法论层面的能力，这些能力已得到证实"。这个定义排除了欧洲终身学习资格框架中的习惯部分，该部分没有根据八个级别进行描述。习惯是欧洲终身学习素养概念的基本组成部分（European Commission，2007，p. 5）："素养在此定义为适合环境的知识、技能和态度的融合体。"事实上，欧洲终身学习资格框架

模型中排除了习惯和价值观部分；进一步讨论请参见吉伦等人的论述（Guillén et al.，2007）。由于欧洲终身学习资格框架没有考虑习惯部分，学生们被要求从四个级别对相应的态度进行评分：没有、较差、良好或优秀。

在所有关于主动性和创业素养的问题中，第三个也是最后一个维度都涉及相关知识、技能或习惯对学生职业发展的重要性，问题的答案有：不重要、有点重要、有些重要和非常重要。

作为后续测试，这部分问卷只发给澳大利亚组和意大利组的学生。不过，在意大利，在第一次和第二次会议期间，也对学生、学校教师和工作导师进行了类似的问卷调查。学校教师和工作导师必须对学生拥有的关于主动性和创业素养的知识、技能和习惯进行评分。研究结果作为镜面材料，用来讨论学生的自我认知与学校教师和工作导师的评价之间的差异及其原因。

开放式问题

开放式问题的主要目标是发掘实践体验、研讨会以及主动性和创业素养对参与者所具有的意义。这部分问卷发给了研讨会的所有参与者：学校教师、工作导师和学生。

该问卷共有五个问题。第一个问题要求参与者定义主动性和创业素养。之后的三个问题（第二、三、四个）询问有关革新实验室研讨会的情况。第二个问题询问受访者从参加研讨会中获得了什么。接下来的两个问题（第三、四个）依据 SWOT 分析模型（SWOT analysis model）来询问革新实验室的利弊。SWOT 分析法是一种结构化的预测方法，用于评估项目或商业投资中涉及的优势（strength）、劣势（weakness）、机会（opportunity）和威胁（threat）。第五个也是最后一个问题询问被试他们对改善整体体验有何建议。在意大利，学生们被要求就如何改善工作体验提供建议。在澳大利亚，学生们被要求就如何改进儿童保育三级证书提出建议。这些问题如表 3.8 所示。

表 3.8 问卷定性部分使用的五个开放式问题

	定性问题
1	你认为主动性和创业素养意味着什么？
2	你认为你从参加革新实验室（即研讨会）中获得了什么？
3	你认为革新实验室的优势是什么？
4	你认为革新实验室的不足是什么？
5	对意大利：鉴于您的参与，您对提高我们学院的工作体验有何建议？ 对澳大利亚：鉴于您的参与，您对改进天主教学院的儿童保育三级证书有何建议？

资料来源：面向革新实验室研讨会所有参与者（学生、导师和教师）的问卷。

对于每个问题，参与者都有两行到四行的空间来写下他们的回答。研究人员将答案转录成表格，然后将数据归纳为对意大利和澳大利亚两个背景都适用的类别。由于问题不同，第五题的答案会根据不同的背景分别归类。第六章将汇总结果，用于比较分析。

由于参与者人数较多，随之也会带来很多观点。在意大利，研究人员可以根据参与者的类型对开放式问题进行分析。此外，第一个问题的答案关系到导图的维度，该导图将工作场所中的主动性视为一个共同的心理概念。按照这个思路，为了保持与理论框架的一致性，第七项欧盟核心素养在个体和集体层面被认为是相互交织的。

第四章 意大利革新实验室

意大利的研究分为两个阶段：第一阶段，从 2012 年 1 月到 2 月，研究人员对参与该项目的两个班级（当时为四年级）进行了初步观察；第二阶段，从 2012 年 8 月末到 10 月末，研究人员每周都会举办一次变革实验研讨会。在此期间，共有 13 名来自两个实验班级的五年级学生进行了为期两个月的工作体验。学生们被分为四组，分别派往当地政府或私人建筑商处。在派往当地政府的学生中，有 3 名学生去了"街道部门"，其余 3 人去了"建筑维护处"，两处办公地点都位于市中心。而那些派往私人建筑公司的学生，其中 4 人在当地一家小型建筑合作社工作，另外 4 人去了一家私人建筑商那里。[①] 相关总部都设在郊区。无论在公共部门还是在私营单位，学生们实习的建筑工地都分散在伦巴第（Lombardy）、艾米利亚－罗马涅（Emilia-Romagna）和威尼托（Veneto）。但这不成问题，因为学生们可以和他们的导师一起开车过去。参与研究的班级里有 2 名建筑教师认识当地的建筑公司，这些雇主就是由他们联系的。[②]

根据第三代文化历史活动理论（Cultural Historical Activity Theory），一个活动系统的问题和潜力必须结合其历史来理解（或放在其历史背景下去理解）（Engestrom，2001a）。为此，本章将基于历史前提对每一种情况进行介绍。在下面对研讨会的描述中，我们将特别关注在课堂和工作场所进行观察时收集的材料，这能够帮助读者很好地理解革新实验

---

① 学生人数相加不等于 13，原文如此。——译者

② 起初找到了四个不同的私人雇主，但其中两个在开始实习之前的几周由于建筑业危机退出了。当地政府作为备选介入。

室的本质，也展现了召开这样的会议组织者需要付出的努力。我们需要对参与者的活动系统进行广泛的实地研究，便于观察、收集数据和做出假设。之后，本章将介绍研讨会的后续工作，即继续跟进参与者和其他与会人员在项目结束时的反应。由于主动性和创业素养有助于将创意付诸行动，所以研究人员很想知道研讨会给学校环境带来了多大程度的变革。在意大利，有一个专门的部门来负责后续工作，这一工作一直持续到 2014 年。

历史前提：在项目开始前，如何培养主动性和创业素养？

相较于项目开始前培养主动性和创业素养的教学方式，革新实验室和其研究结果更具情境性，也更易理解。当学校和公司之间存在紧密联系时，这种素养就会最大化地突显出来（European Commission，2009）。在观察式参与的过程中，研究人员注意到学校及其学生与当地企业之间存在三种联系方式：短期工作体验；学校组织学生参观建筑工地；技术型教师在当地建筑公司和设计工作室做兼职。在 20 世纪 90 年代末，意大利的职业技术院校都意识到了让学生参与工作体验的重要性。从那时起，四年级学生必须有两周的工作体验。让学生不得不自己去寻找雇主，以此激发他们的积极性。由于许多学生生活在农村，他们通常会在离家近的地方工作，因此学生们最终的工作地点会分散在全省各地。但由于学校位于市中心，与学生们的工作地点相距甚远，教师很难到各个雇主那里检查学生的工作情况，也就无法验证这些工作安排在多大程度上是合适的学习经历。在这个约有 500 名学生的学院里，只有一位负责学生工作体验的教师，负责处理相关的日常文书工作。由于 20 世纪 90 年代末意大利出台了一项旨在赋予学校更多自主权的政策改革（Ajello et al.，2005），自此每位教师每周可以领 18 个课时的课时费，但要求课时只包含课堂教学。此外，由于政府近年来削减了开支，学校没有额外的经费举办其他的活动，也没有资金聘请除教师外的专业人士。一般来说，由于举办研讨会和购买各种类型设备的需要，技术学院比以授课为主要教学方式的中学面临更复杂的情况，运营成本也更高。然而，所有学校得到的都是相同水平的资助。可想而知，这对技术学院造成不利影响，也给相关人员带来冲击。

从研究人员在实地研究中获得的信息来看，学生们认为两周的工作体验还不够，因为他们认为去工作会比坐在教室里获得更多能力。事实上，学生们认为学校并没有为其未来的工作提供充足的准备。研究人员也普遍认为，技术学院的学生有着更多的实际经验，能够从工作体验中学到更多东西。而当教师们就学校的工作体验接受采访时，他们讲述了一个故事：曾有两名学生在当地市政局工作，为了测量墓碑大小，他们不得不在墓地待了一整天。这个故事至今被学校里的很多人所熟知，它也被当作工作体验的反面教材。

作为学习的一部分，在为期两周的工作体验中，学生们[1]通常会找一家设计工作室工作，学习测量员专用的设计软件。因为年轻人似乎对 IT 技能上手很快，学生们经常被要求将设计图从纸上转录到电脑里。尽管这在培训方面不是很有教育意义[2]，但可以让学生们感到自己像一个真正的测量员一样工作。在工作期间，年轻人还会去建筑工地进行实地测量，这也是测量员的另一项重要技能。然而，学生们还需要时间去培养测量员相关的技能。在这方面，教师们认为，短期工作体验更多的是为了确定方向，而不是为了获取能力。

在学校和当地企业的联系方面，地形学、建筑、技术设计等学科的教师私下在当地公司工作的现象非常普遍[3]。不幸的是，这些联系对课程设置和教学风格的影响有限。课程设置由教育部强制实施，针对当地

---

[1] 尽管测量学仍被视作男性职业，但在意大利已经有越来越多的女孩开始学习测量学。然而，需要更多女性学生反映了技术人员的技能短缺问题（Palma，2012）。在本研究中，13 名学生中有 4 名女生。

[2] 温奇（Winch，2013）认为，培训涉及重复活动，这样它们才能以一种合格且自信的方式呈现出来。

[3] 意大利教师的薪水低于欧洲平均值，而且教师职业被认为不具吸引力。有时教师们选择教师职业是为了挑战自我，或为了寻求收入稳定。

企业量身定制的机会并不多。此外，课程内容过于庞大，以至于教师们简直得"追着赶进度"，最后只能以授课为主。在研究期间，研究人员和全班同学一起去了学校的研讨会，甚至在那里观察教师讲课。创业并不是测量学课程的明确目标。学生很少参与项目或者团队工作，他们也较少面对真实的有关测量的问题。由于学校的日常教学活动是授课、口试和笔试，学生们的主动性和自主性在课堂上很少受到鼓励。

　　教师和公司之间的合作可以通过定期组织参观建筑工地来建立。然而，这样的参观实际上很难开展：一个班级有 25 名学生，往往会阻碍工地上的施工活动，而这些活动本质上都是受利益驱动的商业活动。而且，不太可能为这些年轻人准备防护头盔和防护鞋，让他们爬脚手架或进行测量。此外，一些学生对此并不感兴趣，也不把参观当回事儿。在实地研究中，研究人员还可以观察到学生对本项目的态度，从他们所提出的建议中可以看出他们对两个月的工作体验是否感兴趣。有些学生渴望开始工作，而不是去上学，为了能被选中，他们在四年级的所有科目中倾尽全力。对于另外一些学生而言，这个项目似乎毫无意义，因为他们想在毕业后继续学习，没有必要动手实践和从事无偿工作。其他人不认为在实习工作中可以学到东西，并表示只有在有报酬的情况下才会工作。

　　通过所谓的学校—工作交替制，学校首次实施了长期工作体验。学校—工作交替制是意大利于 2005 年推出的一种培养方式，即允许15~18 岁的学生离开学校，在工作场所学习相同的素养。[①] 这是意大利监管机构旨在解决青年失业以及学校学习结果与行业所需技能之间不匹配的手段之一（Ugolini，2012）。

革新实验室研讨会概述

　　自 2012 年 9 月 1 日至 10 月 25 日，在这八周的时间里，研究人员

---

① 见 2005 年 4 月 15 日第 77 条法令（*decreto legislativo 15 aprile 2005*，n.77）。

每周都会在建筑测量员技术学院举办一次革新实验室研讨会，本节将对每一次研讨会的情况做个小结。其中，13名学生、4位工作导师[①]和3位教师（其中一位也是学校副校长）是他们研讨会的固定成员。其他工作导师、教师和学校校长偶尔也会参加。

除了描述每次研讨会的主要活动外，本章还将展示一些会议期间使用的资料，如图片、图表、图形和演示文稿。这些资料可以为以后在其他场景下实施该项目提供借鉴，也能帮助读者更好地理解革新实验室的本质。这也对大规模实地研究十分有益，这些资料可以作为研讨会中触发辩证逻辑的镜面材料。

第一次研讨会

第一次研讨会的参与者包括学生、研究人员和学校校长。这是唯一一次在周六举行的研讨会，也是一场介绍会：校长对学生们表示欢迎，介绍了规则和一些实用的具体信息，例如如何报销餐费和汽车票。学生们谈论了革新实验室的目标，即讨论（并尝试解决）大家在工作中可能面临的问题，从而激发了学生们的主动性和创业素养。学生们填写了一份有关创业素养的简短问卷，两周后将作为镜面材料。

在本项目中，研究者将恩格斯托姆三角模型（Engestrom，1987，p. 87）用作分析工作场所和学校环境中工作活动的工具。研究者以学校为例说明了活动系统的目标、结果、中介工具、分工、规则和活动共同体。之后，他们把学生分成小组，要求学生们从恩格斯托姆三角模型的角度来思考今后的工作场所。当他们工作满一周之时，对工作场所会有所了解，需要完成三角模型的绘制。图 4.1 再现了学生们制作的四张海报中的一张。

绘制这幅海报的学生在当地政府的公共建筑维护部门工作。三角形的顶部是工作场所的设备和标志：计算机、绘图桌、项目文件和参观建

---

① 由于导师们很难停下工作全部出席，因此采取轮流出席的方式，一次两人出席即可。然而，即使在没有被安排的时间里，导师们也会尽量参加。这为研讨会带来了很高的导师参与度，导师们的兴趣也反映出本次工作体验的成功。

筑工地[①]。主体是参与工作的学生。左下角代表规则：准时、勤奋、全神贯注、有创造力、遵守安全规范和积极参与活动。下方中间代表共同体：职员、经理、导师、客户和执行者。右下角代表分工：研究项目并协助导师。该活动有两个目标。目标同时也被视为意义构建（箭头上方），包含获得职业素养，以及有能力应对工作世界。因此，学生能够自主地应对工作世界。箭头下方是原材料[②]，包含项目以及历史建筑的翻新。活动结果也可以被看作意义建构，即要自主应对工作。

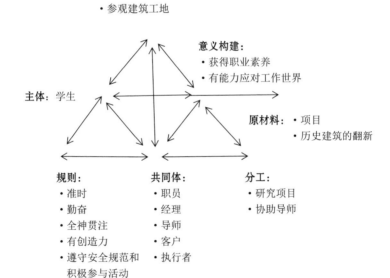

图 4.1　学生小组作业实例　用恩格斯托姆三角模型展示他们的工作场所

第二次研讨会

本次研讨会以及之后的每一次研讨会都在周四举行。从此次研讨会开始，参与者变成了学生、两位建筑教师、学校副校长、两位或多位工作导师和研究人员。

工作导师和教师按要求完成了一份关于主动性的调查问卷。接下来，研究人员展示了一份事先准备好的具有可行性的课程计划，该计划详见图 4.2。

计划顶端是标题（跨边界实验室）和日期。序号 1 是对上期会议的总结。序号 2 提供了关于两个互动的活动系统的信息。序号 3 表示镜面材料，将会播放两段视频：一段是学生们在建筑商合作社"忠诚者"（La Leale）工作时的视频，另一段是对一位材料工程师的采访。之后，通过充分地辩论，将那些依据恩格斯托姆三角模型所讨论的问题情景化。序号 4 代表学生的小组作业（导图设计）以及教师和学生的调查问卷。

跨边界实验室

1. 上期总结
2. 两个互动的活动系统
3. 镜面材料（有助于参与者反思）
 Ⅰ. 在"忠诚者"公司工作的视频
  ● 可能的讨论
 Ⅱ. 采访负责工程的工程师
  ● 可能的讨论
 Ⅲ. 根据活动系统对发现的关键问题进行背景分析
  （恩格斯托姆三角模型）
4. 学生小组作业
 ● 解释性和总结性导图
 ● 对导师和教师进行关于主动性的问卷调查

图 4.2　第二次会议　研讨会日程安排

会议开始前，由于某一学生小组在工作中遇到了一些问题，研究人员鼓励其中一名学生在研讨会上将问题提出来。问题听起来似乎是导师已经好几天没管他们了，也没给他们留任何任务。在场的教师和工作导师一致认为，学生在工作中应该表现出主动性。他们建议学生在导师回复之前主动问问导师的同事他们能做些什么。关于主动性，一位导师说，他的学生们很乐于学习而且非常主动，这给他留下了深刻的印象。每当他们完成一项任务时，都会立即询问下一步该做什么。在此之后，研究人员解释了学校和工作场所可以被视为两个相互作用的活动系统，他们具有不同规则、工具、目标、分工和共同体，但可能拥有一个共同的目标，那就是学生的学习（见 Konkola et al.，2007）。

在参观建筑工地的前一天拍摄了两段录像，在研讨会中作为镜面材料展示。在录像中，新来的学生正在测量一座正在施工的楼房，如照片4.1 所示。

照片 4.1　第二次会议，镜面材料　学生们在一座正在施工的楼房里测量尺寸

照片中，两位工作导师站在左边，四名学生站在中间。一名女同学正在指导她的同学们（靠近窗户）。导师们看上去很用心地在一旁监督，比如导师们会问："你接下来要测量什么？"很显然，学生们不能完全放开手脚。这也不足为奇，毕竟这是他们第一次在真实的建筑区域进行测量。工作导师还负责解释采取行动的意义，也就是说，为什么必须以某种方式进行测量，以及它如何与更大的图景（设计图纸）相符合。很明

显，两位导师本可以解释得更简短一些，但他们还是花时间做了详细的解释，说明公司很重视这次培训。

在观看完视频后，一位技术教师给学生们吃下了一颗定心丸，他指出工作中涉及的很多内容和熟练程度要求都是针对五年级学生的，所以就算他们缺乏某些知识或技能，也不会受到指责。此外，由于是第一次工作，学生们在工作场所表现得有些笨拙也是正常的。接下来讨论的是如何运用在这段工作体验中获得的能力。一位技术教师说，他的学生将要在课堂上做报告并参与讨论，他还建议学生们准备一份关于其工作活动的报告，作为年底结业考核的研究课题。在第二段视频中，负责这幢大楼的工程师就关于让学生在工作场所工作和学习的问题接受了采访。在采访中，工程师对学生准备情况表示担忧，因为他们很明显缺乏测绘学的基本技能。该问题并没有引发进一步的讨论，因为之前已经讨论过了。还有人强调，是学生们自己决定参加这个项目的。因此，教师们都鼓励学生们要"大胆尝试"，主动提问，向工作导师展示他们的主动性，从这一次体验中充分学习。

在会议最后，教师要求学生们以导图的形式总结讨论的内容，如图4.3 所示。

主动性在该图中用"进取精神"来表示（顶部第一个黑框）。学生们认为素养由理论（由学校教授）与实践（从工作场所尤其是建筑工地的经历获得）两部分组成。只有将理论和实践相结合，才能真正掌握相关内容。上述学习依靠"吸收（学习）时间"以及与班上其他同学（在研讨会期间）分享经验来获得。不论学生们在获得文凭后是在导师的指导下进行一年实习，最终成为一名持证测量员，抑或是去上大学，这种学习经历都将是必要的。

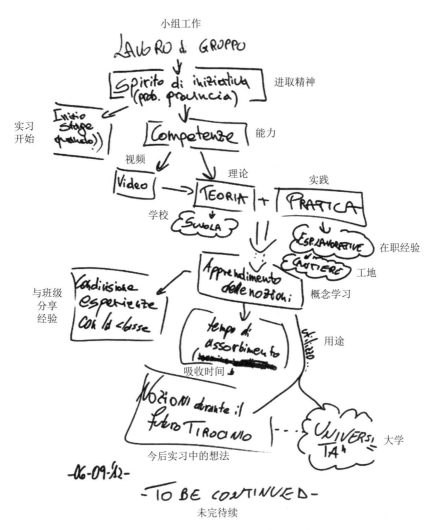

图 4.3　第二次会议　学生们做的小组作业
资料来源：意大利组（*N*=13）。

第三次研讨会

会议的大部分时间都是在讨论在第一次和第二次会议上学生、工作导师和教师填写的主动性调查问卷的结果。这些镜面材料以图表的形式展示给小组成员。图 4.4 表示与素养的"知识"维度相关的结果。

图 4.4 展示了与主动性和创业素养相关的知识维度的问项答案。图 4.4 底部列有五个问题，均以"我知道"开头。问项可能的答案在左上角，从"根本没有"到"非常多"。该问卷作为一种自我评估测试发放给学生，同时发放给工作导师和教师，让他们对学生进行打分。答案被分为四组，分别为：Va 班的学生、Vb 班的学生、工作导师和教师。同时，该素养中知识维度反映出的认知差异被作为镜面材料，学生们对此进行讨论。另外两张与此相似的图表展示了与主动性相关的技能和习惯。

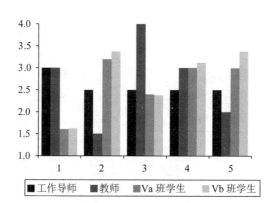

主动性和创业素养调查问卷：知识

（纵轴）
回答：
1. 根本没有
2. 略微
3. 相当多
4. 非常多

■工作导师　■教师　■Va 班学生　■Vb 班学生

（横轴）问题："我知道……"
1. 我知道我校为学生提供了怎样的服务。
2. 我知道与我工作体验相关的专业实践（或工作流程）。
3. 我知道我所在的工作单位可能的就业机会和限制条件。
4. 我知道我在毕业时能获得的就业机会以及受到的限制。
5. 我知道我所在的行业的社会角色和道德责任。

图 4.4　第三次会议，镜面材料　主动性和创业素养中关于知识方面的入门问卷

通过观察图 4.4，参会者在讨论中涌现出很多重要的观点，可以从四个方面比较学生的主动性和创业素养（包括知识、技能和习惯）。第一，学生们认为他们不了解学校的学生服务，因为他们认为学校根本就没有学生服务，而教师和工作导师认为学生应该知道一些可用的服务。第二，学生们认为他们只工作两周就了解了工作场所的专业实践，而他们的教师和导师则不这么认为。第三，一些学生对自我能力的评价不如教师或工作导师给他们的评价高。例如，当讨论制图技能时，他们发现教师对学生自我组织能力的评价高于学生对自身的评价。第四，Vb 班学生对自己表现的评价高于 Va 班学生，讨论中大家认为这种差异似乎与 Vb 班采取的自我评估实践有关。在这个班的口试后，建筑教师要求每名学生评价自己的表现，并给出原因。通过这种方法，学生们会理解自己的得分情况，从而也能更好地评估自身的表现。

接下来，研究人员将学生分组在当地政府建筑维修部门工作的视频作为镜面材料放映。这些年轻人积极协助他们的导师与分包商就施工进度进行谈判。本例中的建筑工地是一个历史建筑的屋顶（如照片 4.2 所示）。

照片 4.2　第三次会议，镜面材料　工作导师与分包商协商进度，学生从旁协助

他们在一个高出地面五米的脚手架上（一个相当不舒服的位置）进行讨论。工作导师在最左边，身着一件蓝色衬衫。学生们在中间，两名女生坐着，一名男生站着，他们边听边做笔记。在这次活动之前，导师

就已经带他们参观了整座大楼，并解释了目前的施工状态，做了什么，为什么做，以及都意味着什么。

随之进行的讨论强调了参观建筑工地对学生的学习价值。就其学习潜力来看，一位教师将这些参观活动定义为"必须亲身体验的研讨会"，可以学习到那些无法在课堂上被描述抑或通过视频教学无法获得的东西。会议最后，学生需要以导图的形式总结会议内容（图 4.5）。

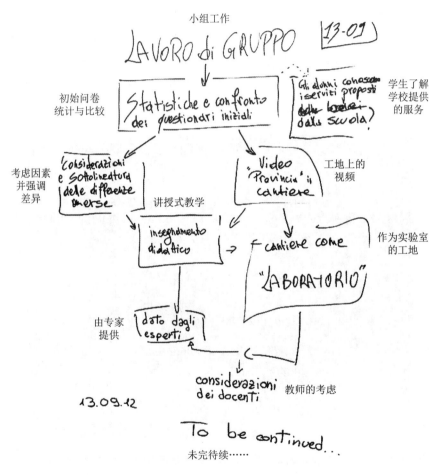

图 4.5　第三次会议　学生们做的小组作业
资料来源：意大利组（*N*=13）。

在这个导图中，学生们将创业图表的分析和对视频的讨论定为会议的主题。其中一个文本框代表对图表中出现的差异的讨论。"讲授法"（"由专家讲授"）是对建筑工地现场教学的补充，共同构成研讨会的内容。

第四次研讨会

在这次讨论中出现了一个有趣的问题，即建筑工地内的观察者是不是共同体的一部分。学生们和工作导师一致认为，即使学生们只是在观察，他们也在积极地参与共同体的活动。另一方面，从外面观察的人则不会被视为建筑工地活动的一部分。工作导师建议学生用恩格斯托姆三角模型和合法的边缘性参与理论（legitimate peripheral participation）[1]来解释他们在建筑工地上的活动。一开始，他们的贡献微不足道，因为他们只是在观察，但一段时间过后，他们就能积极地参与到工作中来。一位工作导师很喜欢莱夫和温格提出的合法的边缘性参与理论，并谈到了"学生逐渐融入公司生活"这一话题。

接下来，放映了一段视频采访，作为镜面素材。这段视频是几个月前在观察式参与期间拍摄的，采访内容是关于学生在四年级时所参与的为期两周的体验。视频的名字叫作"像一个真正的测量员"，在视频中，一名学生被问及他在设计工作室的实践经历，以及他对所学知识的理解。该学生称，他在两周内学到的东西比一整个学年学到的都多，因为在工作中他需要像一个真正的测量员一样执行任务。因此，他抱怨学校教的理论知识不适用于工作场所[2]。不过，研讨会的成员们，尤其是工作导师，都不同意采访中表达的观点：学校的确给学生提供了必要的基础，让其能够胜任工作中所承担的任务。学校的作用表现在"传授基础知识"，并教给学生"一种举一反三的能力"。他们还讨论了另一个话题，即小组合作更好，还是独立作业更好。一种想法是，小组合作更好，因为成员之间的讨论可以加深对所要处理的问题的理解。另一种想法是，小组合作时，任务有时是分散的，个人只了解他自己做的那

---

① 依据莱夫和温格的理论（Lave & Wenger，1991）。

② 专门挑选了一个学生批评学校教学方式的视频，期望可以触发一次讨论。

部分。

接下来，以镜面材料的形式展示了对学校校长的采访。在视频中，校长谈到了她对技术学院工作体验的设想。不过，在视频最后，她描述了培训和演练之间的差别：培训是传授能力和态度，这将会使学生终身受益；而演练则是针对某种特定的工作环境教授具体的技能，就像为成为会计师而学习工资单软件一样[①]。这种技能适合在工作场所学习，因为软件在不断变化，没有必要在学校教授。她引用了莫林（Morin）的《完美的头脑》（*La Tête bien faite*，1999）一书，并表示学校必须塑造学生的思维，这样他们才能在公司里迅速学会如何使用某些特定的工具。有时她会碰到一些雇主向她抱怨她的学生缺乏某些特定的技能。而当雇主们看到一个"思维成熟"的学生能够很快学会使用特定的软件时，他们会立马改变主意。

在本次研讨会结束时，一位建筑教师告诉研究人员，他很高兴能参加这一系列研讨会。对他来说，重要的是学生们可以通过视频和讨论来分享和反思他们的经历。此外，学生们越来越多地参与到会议中，从而表现出更强的主动性。

第五次研讨会

此次会议于 9 月 29 日举行。一位教师在讨论伊始谈到他的同事们都非常关注教学大纲。而他感到很沮丧，因为他刚刚发现同事们一直在给没有参加项目的学生们上课。参与该项目的 13 名学生在开学前两周就已经开始工作了，一直工作了两个月。而班里的其他学生正常上课，只工作了两周。因此，其他学生比参与项目的同学多上了一个月的课。在项目开始时，教师告诉参与项目的学生们，他们班的其他同学将不会继续上五年级的课程，只是巩固四年级的内容。但实际情况却是，教师加快了课程的进度。当然，部分归咎于前一年发生的地震，导致学校被迫提前两周停课。此外，参与该项目的教师和学生都认为，由于不是所

---

① 该例子与测量学无关，但这是她的上一份工作，在技术学院教会计使她想起了这个例子。

有的教师都参与了该项目，所以其他教师并没有给予这个项目足够的重视。学生们担心在结业考核时，他们会被问到在他们缺席期间所教的内容。

尽管如此，教师们还是建议学生们用积极的心态看待这一项目，在结业考核中基于这段经历做演讲和汇报，这样能够让评委教师们把注意力放在他们的工作体验上，而不会一心想着班上其他同学正在学的内容。教师们还建议学生们在工作中表现出主动性，尽可能多地从这次体验中获益。然而，一位工作导师认为，在工作场所发挥主动性需要兼具技术素养和自主思维：学校并没有帮助学生们养成自主性和自我设定截止日期的能力。另一位教师反驳了这一说法，他认为自主是一种性格特质，如果学生愿意，他们也可以在学校保持自主性。例如，学生可以组织学校的相关活动，学习如何在截止日期前完成任务而不至于到最后焦头烂额。他认为，之所以具有主动性，是因为学生对所学内容具有兴趣。而另一位导师则认为，当学生遇到问题时，不仅应该带着问题去找工作导师，还应该提出解决方案。

为了深化上述讨论提及的与主动性相关的概念（自主性、自组织和主动性），研究人员展示了天主教学院（他们在澳大利亚的研究地点）的一张导图（见表 4.1）。

表 4.1　第五次会议，镜面材料　澳大利亚学校中的主动性

承诺
守时
坚持不懈
有勇气
保持专注
竭尽全力做到最好
努力工作
识别并珍惜学习机会
对自己的学习负责
创造精神价值、个人价值、社会价值
与上帝对话
在大学里建立良好的人际关系
爱护环境

镜面材料之后的讨论强化了主动性的概念，即毅力、承诺和责任。在研讨会结束时，学生们需要总结研讨会的主要观点，并制作一个关于主动性和创业素养的导图。鉴于导图的重要性，我们将在第六章详细描述其内容。

第六次研讨会

本次会议首先总结了上次会议的主要内容。随即话题转移到了参与项目的学生们所落下的课程上。一位导师认为这种担忧毫无根据，因为他的学生正在学习如何胜任该领域的工作，而这远远超出了他们在课堂上所学的内容。人文学科教师兼副校长指出，班里的其他学生也在抱怨，因为部分同学参与了该项目，导致学校课程被推迟和压缩了。因此，大家担心结业考核受影响。根据他的说法，正常上课的学生对参加项目的同学变得越来越不满。接下来，前一天举行的教师委员会会议的结果被作为镜面材料投影。在教师委员会会议上，一些教师表达了他们对这个项目的怀疑[①]，部分教师认为"学校—工作交替制"最好变成一周在学校上课，一周在工作；而另一些教师则认为学生应该轮流去工作，确保每个人都有机会参与工作体验。在随后的讨论中，很明显这些想法都不现实。

紧接着，小组讨论了长期工作体验的未来发展：他们建议将其挪到学年的另一个时间段，如四年级末，甚至在暑假。人文学科教师兼副校长表示，我们应该给每个想从事长期工作的学生提供机会。不过，很难向全班提议开展长期工作体验，因为不是所有的学生都愿意参与其中。一些年轻人会认为，如果他们以后想上大学，就没有必要现在工作。另一些人需要在暑假补课，还有一些人找到了有偿工作。

回到该项目现存的问题上，关于教师们需要按照大纲给普通班的学生们上课这个话题，研究人员决定邀请更多的教师以会议的方式参与，这样就能够有更多的教师参与到这个项目中来。不过，大家还是认为教

---

① 这些教师看起来像是反对来自校方的每一项提议。

师们的积极性不会太高，因为并没有工资，而且会议通常是在下午，没有教师会仅仅为了这件事而来。讨论又回到了学生因工作而缺课的问题上。有人建议为参加该项目的学生制订课程计划。这意味着学生们将不会被考察缺席期间的课程内容，因为他们已经在工作体验中把课学完了（他们在参与工作体验的同时也在学东西）。此外，大家建议学生们在课堂中以讨论和演讲的形式展示其工作体验，他们还可以准备一份报告和一份在工作实习期间参与主要项目的作品集，这可以作为他们以不同方式参加结业考核的依据。最后，小组成员提出一个在 11 月举行一场"公开课"[①]的创意，学生们可以向所有教师展示他们的工作体验。

在会议结束之前，由于研究人员无法参加下一个星期四的会议，同学们讨论确定了下周四的会议安排。在权衡了不同的选择后（例如由教师或班级其他学生为其补课），大家最后还是决定去工作体验地点。

第七次研讨会

第七次研讨会于 10 月 18 日举行。除了常规成员外，物流课程的两名教师和学校校长也在场。会议讨论的话题是如何在未来延续长期工作体验以及革新实验室项目，并将其推广到其他班级。学校工作体验的演变作为镜面材料展示（如图 4.6 所示）。

在设计这张图的过程中，研究人员考虑了如何整合之前研讨会中展示的不同想法[②]，帮助团队展望此项目的未来发展[③]，并尝试生成一个与长期工作体验有关的全新活动系统模型。模型左侧是过去 15 年实行的"短期工作体验"，只在四年级中期有两周时间；中间代表"现在"，有两种实践安排：针对参与项目的学生，他们拥有为期两个月的"长期工作体验"；针对其他学生，他们的工作体验期很短；右侧代表"未来"：学生可以在四年级末进行长期工作体验（这次为期一个半月）和短期工

---

① 在意大利，同一个班的教师会定期开会。有时会议是开放的，包括学生、家长等在内的任何人都能参加。

② 创作图表非常有效，有助于生成概念（Engestrom，1994）。当然，参与者在双重刺激（Engestrom，2011）的作用下可能超出预期，创造自己的模型。

③ 建模和预设是拓展性学习中的两种认知活动（Engestrom & Sannino，2010）。

作体验。最后一点是关于工作体验的目标：短期工作体验以生涯指导为主，而长期工作体验旨在获得熟练的技能，对毕业后求职有所帮助。

技术学院工作体验

过去（每个班级）　　　　　现在（仅涉及两个班级）　　　将来？（每个班级）

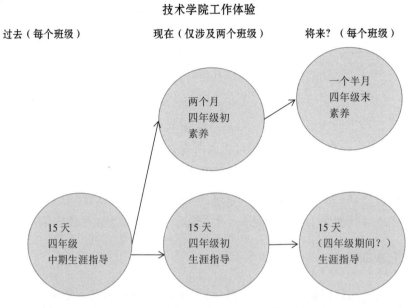

图 4.6　第七次会议，镜面材料　学校工作体验的历史演变

如图 4.6 所示，关于学校工作体验未来发展的讨论似乎正在取得进展。工作导师建议将长期工作体验移到五年级末，以避免与学校课程发生冲突。但这也会带来其他问题。那些挂科而不得不补考的学生将无法有效利用工作体验的机会。反之亦然，那些通过了所有科目的学生可能会想要享受暑假，或者找一份临时带薪工作（经常与他们的专业不相关）。此外，根据意大利的规定，"学校—工作交替制"意味着替代课堂教学，而不是其补充。一些工作导师和学生想出了另外的办法，即将工作体验缩短到六周甚至四周。然而，学生们认为，四周的工作可能会学不到那么多东西。学生小组最后一致同意工作体验为期六周，从 8 月中旬开始工作，这样就能在 10 月初回到学校上课，而不会耽误太多的课程。

关于工作体验未来发展的另一个话题是该让谁参与进来，是表现最好的学生还是所有人，以及让多少班级参与进来。长期工作体验也可以帮助那些挂科或缺乏学习动力的学生。但一位教师认为，让所有人都参与是个好主意，但很难付诸实践。他认为参加长期工作体验的最佳时期是在四年级末。而那时挂科的学生必须补考，因而无法参与工作体验。

最后一个建议是，在整个学年中，每月组织全班学生到建筑工地参观一次。有人认为，许多年轻人并不把学校组织的参观看作一次学习经历。相反，他们都觉得这是个玩笑，不把它当回事儿。在谈到建筑工地及其中蕴含的学习潜力时，一位教师指出，他在与研究人员一起参观米兰附近的一个建筑工地时感触颇深。在没有人要求的情况下，学生们主动准备了一场关于他们开展活动的幻灯片演讲。在研讨会上，这位教师强调了这些学生在幻灯片演讲中表现出的熟练程度令其印象深刻[①]：例如，他们展示了能够自主进行度量计算这一能力。他还对工作导师和学生之间的关系感到惊讶：他们之间的关系已经超越了传递内容的关系，而是一种需要时间来建立的"教育关系"。而一个月的工作体验显然不足以建立这样的关系。

在此之后，这位教师向小组展示了这次演讲的录像（见照片 4.3）。

学生们在工作地点的幻灯片演讲尤为重要，因为它展示了学生们的主动性。这段视频不仅给其他小组提供了一个范例，而且是对学生们在即将举行的学校公开课上演讲的一种鼓励，届时，同样会向教师们展示学生们在工作体验中所获得的显著的自主性和素养。

在研讨会结束时，教师们将学生分为两组，并要求他们绘制一张理想工作体验导图作为其参与革新实验室的证明，包含内容、持续时间、参与者等在内。我们将在之后的意大利研究结果部分描述这些内容。

----

①　正如参与项目的教师将会在问卷中指出的那样，整个项目发掘了学生意想不到的能力：主动性、独立性和责任。

照片 4.3　第七次会议　在革新实验室期间将当地学生在米兰建筑工地上的
演讲视频作为镜面材料放映

第八次研讨会

最后一次革新实验室于 10 月 25 日举行，用来完成最后的调查问卷，并确定项目参与证书的措辞。

会议结束后，一位技术教师对研究人员说，他很担心班级学生之间会发生冲突。对于参加过这个项目的学生而言，重返课堂的过程估计会很艰难。没参加这个项目的学生似乎很不满，因为他们觉得为了那些参加项目的同学推迟课程会妨碍他们准备年底的结业考核。为此，教师邀请研究人员以心理学家的身份加入课堂。可惜这不太可能，因为他要动身去澳大利亚继续研究。

研讨会的后续工作

研讨会结束一个月后，研究人员分别向三位与会教师发了电子邮件，询问了参与项目的 13 名学生的情况。三位教师对此持两种不同的态度：尽管两位建筑教师都很乐观，但那位人文学科教师兼副校长却心情复杂。

一方面，从建筑教师的角度来看，在这两个班中，返校对于参与项目的学生来说并没有想象中那么痛苦。虽然一开始他们被当成"外人"，但是几天后这种感觉就消失了，班里其他学生的怨气也是如此。对一些学生来说，由于前期基础较为薄弱，补上他们在工作体验期间落下的课变得比较困难。学生们11月份在全校公开课上所做的演讲非常出色。教师们对其中一些发言的学生印象尤其深刻，因为他们平常显得"有点笨拙"，但这次却表现得"逻辑清晰又充满自信"。据说，这次演讲让那些最不看好这个项目的教师相信了此项目的重要性。最终，在校长的支持下，两位建筑教师考虑组织一场典礼，为学生们颁发参与证书。

另一方面，人文学科教师兼副校长一周后才回复研究人员，因为她想和学生们讨论项目的结果。从学生的角度来看，他们很难返校，原因有二：第一，一些教师已经开始教授新的内容，而学生们认为他们可以利用圣诞节假期把落下的课程补上。第二个原因更难克服，尤其是在人文学科教师兼副校长的班级里，那些没有参与此次工作体验的学生把他们没准备好年底结业考核的事情怪在了参加的同学身上。他们认为这是课程内容减少、演练和练习的时间减少或延迟所导致的。当学生们还在工作时，班上的气氛已经很紧张了。他们重回班上的几周后，气氛有所改善，但班里仍有一些怒气。

在教师方面，学生们表示，有些教师很乐于帮助学生，善解人意，而另一些教师并没有完全了解情况。人文学科教师兼副校长在报告中指出，在11月的公开课上，由于学生们"有限的辩证能力"，他们关于工作体验的幻灯片演讲相当简短和笼统。其他教师则边听边思考未来几年学校是否会再提出类似的实践活动，以及如何提出。总而言之，学生们认为重复类似的工作体验模式是有益的。

学校校长作为另一个重要的信息来源，可以从不同方面理解项目的意义。总体而言，她表现得很热情。她十分了解将工作体验与研讨会相结合在培养学生的技术能力以及终身学习核心素养方面发挥着至关重要的作用。因此，她决定通过学校—工作交替制给学校所有五年级班级（包括平面设计和物流技术课程）延长长期工作体验，当地的企业也愿意给学生提供长期工作体验。她还意识到，意大利教育部正在推动实施学校—工作交替制，旨在提高教育质量和学生的就业能力。她本人也对革新实验室印象深刻。对所有参与者来说，这都是一次极好的成长经历：例如，教师们告诉她，当看到学生工作时的视频被用作培训材料时，他们惊叹不已。此外，把当地企业、教师和学生代表集中在一起讨论问题解决方案的创意也让她特别感兴趣。

项目结束三个月后，学校里的每个人都认为该项目的结果是积极有益的。2013 年 2 月 19 日，研究人员就研究结果召开了一场线上会议，工作导师、当地媒体和学校校长均出席了此次会议。参与项目的学生也获得了参与证书。据教师们说，参加工作体验的年轻人与班上其他同学相处融洽，而其他同学最终都做出了正向的评价。教师们也更加理解工作体验的重要性。在结业考核时，教师们会适当地考虑参加过这个项目的学生。此外，教师们报告称，革新实验室提高了学生的主动性，增强了他们的自尊心，并证实了主动性必须在集体中才能得到提升。同时也表明，在革新实验室中，如果以积极合作的态度去分析问题，问题能够转化为资源。

进一步发展

待到研究人员回到意大利，该项目就有可能年复一年地继续下去。2013 年，参加研讨会的两位技术教师思考了如何再次实施该项目。其中一位教师带头去了当地的行业协会，寻找愿意为学生提供学校—工作交替制途径的公司。该项目计划让学生在四年级末开始工作体验，持续 4~6 周。与此同时，校长邀请研究人员回到意大利，组织革新实验室研讨会。最后，两个班中有一个班参与了该项目，该班所有学生都参加了工作体验。项目开始于四年级结束前的四周，一直持续到暑假的前两周。这是一个没有革新实验室研讨会的学校—工作交替制项目。

按照规定，在 2014 年底，可以写一份拨款申请，为另一个基于工作体验和一周一次的革新实验室研讨会项目筹措资金。同样，这个项目只面向四年级的班级。看来，技术型的建筑教师特别喜欢这种方法，因为他相信学校与工作之间的相互作用。这次也是在四年级末进行的，不一样的是全班同学都参与了进来。整个项目为期七周，从 5 月初开始到 7 月底结束：这意味着学生们很乐意把暑假的三周时间投入这个项目中。为了让所有的学生都能从研讨会中有所收获，教师们把全班同学分成了两组，分别在不同的时间参加研讨会。如此，每个小组的教师、学生和导师为 15~17 人，每个学生都能积极参与进来。

2015 年，研究人员获得了欧洲玛丽·居里基金（European Marie Curie）的资助，该研究将集中讨论教师培训以及教师需要采取的教学方式、教学策略和教学方法，以促使学生在课堂内外获得主动性和创业素养。这次项目将于 2015—2016 年在本研究所在的同一所技术学院进行。革新实验室的方法将再次进入人们的视野，而这一次的参与者将是教师。

第五章 澳大利亚革新实验室

本章将讲述在澳大利亚的研究。同在意大利所进行的研究一样，作为研究背景，本章将首先对项目开始前学校如何培养学生主动性和创业素养进行历史性分析。接下来，将呈现学生和教师一起进行六次革新实验室研讨会的主要内容。最后将对项目结束后学校的反应进行描述。

澳大利亚的研究项目是在维多利亚州墨尔本西郊的一所天主教地区学院进行的。选择实验的班级是维多利亚应用学习证书（Victorian Certificate of Applied Learning，简称为 VCAL）班。该班除了教授学生一些实践技能外，还教授读写和计算技能。维多利亚应用学习证书是一种认证的中级证书，但不能用于学术研究。该职业课程最终会得到由锡德纳姆天主教地区学院（Sydenham Catholic Regional College）和一个注册培训机构（Registered Training Organization，简称为 RTO）联合颁发的儿童保育三级证书（Certificate Ⅲ in Childcare）。注册培训机构是一个授权提供职业培训的组织。课程中共有 15 名来自 10 年级和 11 年级的学生每周（周二）去天主教地区学院上一次课，再到儿童保育中心或幼儿园工作（周三或周四）。儿童保育三级证书是基于学校本位学徒制（School Based Apprenticeship）模式颁发的。在大多数情况下，注册培训机构负责将学生都安排在儿童保育工作场所。因为找到工作很困难，只有少数学生能够自己找到工作。尽管维多利亚州向学生和雇主都支付工资，但许多工作场所还是不想雇用学徒。

班上 15 名学生中有 5 人选择参加本次研究。研讨会于 2012 年 7 月 18 日至 8 月 21 日举行，在此之前，班上已经进行了大概两个月的观察式参与。研究人员还参观了学生们的学徒场所的儿童保育设施，并进行了访谈，之后将用作会议的镜面材料。由于儿童保育中心分散在当地各处，工作导师或负责人无法来到天主教地区学院参加研讨会。使用访谈的目的是将更多的观点或声音带入会议之中。

在接下来介绍的研讨会中，将重点关注在课堂和工作场所中通过观察式参与收集来的材料，这能使读者更好地理解革新实验室的本质。此外，也呈现了要组织这样的会议所付出的努力。在参与者的活动系统中，需要通过大量的实地研究来进行观察、数据收集和做出假设。

历史前提：在项目开始前，如何培养主动性和创业素养？

同在意大利进行的项目一样，按照文化历史活动理论的观点（见Engestrom & Sannino，2010），下文将概述学校是如何培育学生主动性的。本节将首先总体介绍当地学校是如何看待创业素养和主动性的。之后，将展示维多利亚应用学习证书项目的相关具体实例。最后，本节将介绍儿童保育三级证书，这也是本研究项目的研究对象。

在学校里培养主动性的常见方式是张贴以就业技能或提升就业技能为主题的海报，如表 5.1 所示。

章程的开篇为："在这所校园里，在福音价值观指导下，我们在共同体中共同生活、学习和教学。作为一个学习共同体，我们将创造一个相互支持的环境，共同努力探索知识和发展能力。"

表 5.1 显示了主动性包含的一些内容，例如参与（把握一切新的学习机会、富有创造力和积极主动、规划未来、与他人合作）和赋能（承担风险、成为独立学习者、设定目标、行为合乎道德、创新和自信）。①

---

① 为了展示澳大利亚的学校如何促进终身学习素养提升的，该表同样作为镜面材料被用于意大利的研究。

表 5.1 天主教地区学院通用技能学习和教学章程

承诺	参与
守时	把握一切新的学习机会
坚持不懈	富有热情
有勇气	有创意
保持专注	寻求知识
竭尽全力做到最好	参与学习新技能
努力工作	保持好奇心
识别并珍惜学习机会	积极主动参与其中
对自己的学习负责	与他人分享知识
创造精神价值、个人价值、社会价值	规划未来
与上帝对话	探索新的思维和学习方式
在学校里建立良好的人际关系	与他人合作
爱护环境	
赋能	**批判性思维**
接受挑战	提出问题
以学习者身份承担风险	对新想法持开放态度
创新	寻求并思考反馈
做一个有上进心的独立学习者	了解时事
拥抱变化	建立、表达和证明你的观点
确立目标	换位思考
行为合乎道德	挑战自己和他人来跳出框架思考
为自己的成就感到骄傲	在解决问题时要独立、自我引导和积极
有自信	深思熟虑
将自己视为终身学习者	批判性地评估自身信息来源
发挥你的优势	解构想法和问题
选择积极的生活方式来促进学习	

　　这所学校有一个设备齐全的贸易培训中心（Trade Training Centre，简称为 TTC）。在澳大利亚，学生通常很难在业界工作，因为企业对学校的职业技术教育持谨慎态度（Clarke，2012a；Clarke & Volkoff，2012）。贸易培训中心为学生们提供了一个学习贸易技能的环境，不失为解决上述问题的一种可行办法。贸易培训中心大多颁发的是一级证书和二级证书，这种证书通常代表初级水平的就业技能。天主教学院贸易培训中心的学生们均来自该地区的天主教学院和其他中学。研究人员可以访问二级证书学生，并观察其学习的技能，如待客之道、绘制图画和书写等。学徒制的三级证书只颁发给学校的少数学生。与二级证书不

同，三级证书要求必须有行业工作经验。在贸易培训中心里，有向公众开放的小型企业：一家面包店、一家指示牌制作公司、一家相框店和一家每周只营业几个晚上的餐馆。

表 5.2 展示了天主教地区学院颁发的社区服务二级证书的就业技能评估指标。[①] 主动性是课程的明确目标。

工作导师观察学生的行为，并对每个特征打分（高 / 中 / 低）。这些是澳大利亚相关文件规定的就业技能（Australian National Training Authority，2003；Bowman，2010；Gibb，2004；Wibrow，2011）。因此，就业技能是评估学生表现的重要指标。然而，目前尚不清楚这些技能是否也通过其他特殊的教学方式或教学方法来教授，也不清楚创业教育是以何种方式进行的。

作为本次研究对象，儿童保育三级证书的评估指标展示在表 5.3 中。

虽然表 5.2 的指标维度更全面，但看上去表 5.3 填起来更快，因为指导者只需要在正确的框上打钩即可。在表 5.3 中，只考虑了一些就业技能：在无人指导情况下的工作能力，这可以看成自主和自组织的指标；与他人合作的能力；还有毅力。然而，鉴于澳大利亚职业教育和培训体系中就业技能的重要性，可以看出培养这些就业技能仍然是课程的目标之一。

这是首次面向在校学生颁发三级证书，之前负责的注册培训机构在项目开始的前几天退出了。因此，一个新的注册培训机构在最后一刻接管了项目，这也导致在后续的组织中出现了一些问题。

当研究人员开始实地观察课堂时，很明显学生们行为不端正。比如，有些学生上课迟到或根本不来上课。有时候，学生在上课时把脚放在课桌上 [②]。当教师或其他同学说话时，其他学生会玩手机或大声说话或大笑。教师让同学们把完成的素养手册交上来，很多同学没能按期完成。当研究人员在做实地研究时，还出现了一些学生退出这门课程的情况。

---

① 由于此二级证书的实习期每学年只有两周，因此不适用于本研究。

② 这种情况下，研究者会尝试保持中立，在课后向教师报告不合适的行为。

表 5.2 学校提供的社区服务二级证书 用于评估学生就业技能的指标

社区服务中的就业技能 学生表现出如下素养（高 / 中 / 低）	
沟通 倾听和理解工作指示，引导和反馈 清晰 / 直接地传达信息 在工作场所中阅读和理解文件，例如安全须知和工作指示 为满足受众需求而写作，如工作笔记和报告——包含所有交流，不限于书面形式 根据明确的指示解释内部 / 外部客户的需求 将基本的计算技能应用于工作要求，包括测量、计数 信息共享 积极回应 适度自性 强调（如与他人有关的情况）	**团队合作** 作为个人和团队成员工作 与不同的个人和团队合作 作为团队一员运用自身的知识 将团队合作技能应用于具体场景 识别和利用其他团队的优势——根据确定的职能要求 提供反馈
解决问题 为工作场所遇到的问题制订切实可行的解决方案 在发现问题时表现出独立性和主动性 独立解决问题或集体解决问题 证明假设并考虑情景 倾听并解决与工作场所责任相关的问题 解决客户对工作场所责任的担忧	**主动性和创业素养** 适应新情况 面对工作场所挑战时具有创造性 足智多谋 发现他人可能看不到的机会 把想法化为行动 提出创新性解决方案
组织和规划 收集、分析和组织信息 使用基本的系统进行组织和规划 可以恰当地整合资源 在工作岗位上表现出相应的主动性并做出决策 决定或应用所需资源 管理时间和设立优先事项	**自我管理** 自我激励 表达自己的想法和见解 在自身的想法和价值观与工作场所的价值观和要求之间做好平衡 监控和评估自身表现 承担适量的责任

续表

社区服务中的就业技能 学生表现出如下素养（高 / 中 / 低）	
学习	**技术**
对学习新思想和新技术持开放态度 在一系列环境中学习，包括非正式学习 参与持续学习 学习以适应变化 学习新技能和技术 为自己的学习负责 为他人的学习做出贡献 应用一系列学习方法 参与制订自己的学习计划	运用技术和工作场所相关设备 具备基本技术能力来组织数据 适应新技术技能要求 使用技术时应用职业健康安全知识

**表 5.3 注册培训机构和学校联合颁发的儿童保育三级证书
教师用来评估学生在工作场所表现的指标**

工作场所导师的评估报告	
对工作的态度	**坚持执行给定的任务**
● 热情的 ● 感兴趣的 ● 看起来漠不关心的	● 积极性高 ● 能持久 ● 需要鼓励 ● 不适合该职位
外观和着装	**准时**
● 恰当的 ● 打扮整齐 ● 不恰当的	● 总是准时 ● 令人满意 ● 不满意
与他人合作的能力	**沟通能力**
● 灵活处理 ● 在团队中工作表现良好 ● 喜欢独自工作	● 沟通技巧出色 ● 沟通良好 ● 有困难
能够在无人监督的情况下工作	**遵照指示的能力**
● 展现出主动性 ● 随时寻求进一步建议 ● 需要鼓励 ● 等待被告知怎么做 ● 不适合该职位	● 表现出良好的理解力 ● 愿意寻求澄清 ● 需要密切监督
对工作环境的适应	**安全意识**
● 立即适应 ● 过一段时间后适应 ● 遇到困难	● 优秀的 ● 足够的 ● 需要多加小心

研究人员还可以观察课堂上小组的建立。学生们会花大部分时间在这些小组中，并与她们的同学互动。与天主教地区学院提供的其他职业课程一样，儿童保育三级证书不仅面向学校的学生，也面向来自天主教学院关系网络和该地区其他学校的年轻人。因此，当课程开始时，每个学生最多只认识几个同校的同学。而在课程开始几周后，一群新的女学生加入了进来（班上全是女生）。在最后的问卷调查中，一名参与研究的学生指出，教室里桌子的位置（教室是一个化学实验室）促进了小组的建立。

学生的实习工作也有负面评价出现，原因是部分学生参与十分有限。在实地调查中，一名学生被她的工作单位解雇了，原因是大家认为她无法与孩子打交道。还有几名学生因为儿童保育中心太远而拒绝参加工作体验。由于学徒制中实习部分是必修课，她们会面临挂科。

总之，班级氛围看起来并不是那么和谐，这种情况最终导致注册培训机构的课程教师兼协调员于 2012 年 5 月，即课程开始三个月后，向学生家庭发出了警告信。该信件的副本详见表 5.4。

警告信中第 5 点和第 6 点特别值得关注。显然，学生们没有积极地参加学校或工作体验中的活动。这可以被解释为缺乏主动性和创业素养。事实上，并不是所有的学生都乐于参加。职业教育和培训协调员、生涯指导教师认为，由于该课程是带薪实习，一些学生报名参加该课程只是为了获得工资。也可能是她们的父母、朋友甚至教师要求她们报名的。调查还发现，一名学生的英语教师建议她学习这门课程，因为该生的读写能力很差，而且这些学生也没有其他什么可以学习的。

在工作场所的采访中，学生的工作导师和儿童保育中心主任常常提到，"对一些学生而言，她们志不在此"。课程出现的另一个问题是班主任的不断更替：在革新实验室研讨会开始时，学生们已经更换了至少四次教师，而在课程结束时，教师共更换了六次。

表 5.4　注册培训机构在第二学期向攻读儿童保育三级证书的学生发出的警告信第 5、6 点内容

致学生、家长和学校
发件人：儿童服务培训协调员
日期：2012 年 5 月 14 日

学校本位学徒制的要求和期望

尊敬的学生和家长们：

请查看以下列出的对所有学生的要求和期望，这些学生目前是要获得儿童保育三级证书的在校学徒。

5. 学生要积极参与工作，以满足课程要求和就业条件。这意味着学生需要完成所有要求的任务，与孩子们互动，学习并遵守服务政策和程序。不符合工作场所要求的学生需要与雇主和注册培训机构协调员开会协商，来决定接下来的行动。

6. 学生要积极参与课堂活动。这意味着学生要参与课堂讨论，完成课堂任务，并遵守培训教师的规定。不符合课堂要求的学生需要与雇主注册培训机构协调员双方开会协商，来决定接下来的行动。

必须始终满足上述课程的所有期望和要求。

如果您对该上述课程的规定有任何问题或疑虑，请随时与我联系。

谨此致意

协调员

课堂上主要通过讲授进行教学。由于职业培训内容是按照素养单元进行划分的，因此会分发给每个学生一本手册，与授课内容中的素养单元相互呼应。当学校课程结束时，学生必须完成手册中相应的部分，通常在课堂上完成，有时也会在家里完成。这本手册包含的所有部分都必须完成，其中有些内容是由学生的导师来完成的。导师需要在手册中描述学生的行为事例，以表明其获得了相关的技能。例如，在 8 月份，学生们学习了儿童保育中心的规定。学生的导师必须在学生手册上写下学生在工作中了解这些规定的具体事例，例如，"该学徒严格遵守户外规定：她在每个孩子去花园之前都给孩子们戴上帽子，擦上防晒霜"；"该学生没有种族歧视，一律平等地对待孩子"；或者"该学生鼓励孩子用勺子吃饭"。学生和导师完成手册后需要交给教师，由教师和课程协调员一起证明学生达到了相关能力，整个移交的过程由学生负责。[1] 由于手册是用来证明学生成绩的，学生们需要全部独立完成。但事实恰恰相反，学生们经常互相抄袭填空题的答案。

在培养与主动性和创业素养相关的技能方面，并没有鼓励按小组工作（只看到学生做了一次小组工作）和按项目制工作。此外，学生们似乎并没有充分地规划好时间，因为只有少数学生能在截止日期前上交手册。

尽管儿童保育三级证书的获得存在可行性，注册培训机构也为学生提供了实习场所[2]，但学校和工作场所之间的联系并不十分牢固。课程教师每学期只去工作场所看望学生一次。正如一位儿童保育中心主任指出的那样，"我只见过这位教师两次，她忙于自己的工作，我们无法交流和学徒们之间的问题"。导师们只能通过前面提到的手册去了解学生们在课堂上所学的内容。

总之，除了素养手册和难得的与课程教师的会面，学校和工作场所之间没有任何联系。

革新实验室研讨会概述

研讨会于 2012 年 7 月 17 日至 8 月 21 日在天主教地区学院举行，每周举行一次（周二中午 12 时至下午 1 时）。定期参加会议的有 5 名攻读儿童保育三级证书的学生，还有生涯指导教师和注册培训机构教师兼课程协调员。之后，一位新任教师兼协调员也参加了一次研讨会。下面将分别介绍六次革新实验室研讨会的主要内容。

第一次研讨会

在第一次会议上，学生们完成了基础问卷，以便获得有关学生、教

---

① 素养手册将课堂上的学生、工作场所的导师、教师以及注册培训机构联系起来。由于跨越了边界，手册为各方明晰了目标（Akkerman & Bakker，2011）。

② 在学徒期，学生们将在两种不同的工作情境中工作，以便可以更好地学习如何应对从学步的幼儿到学前儿童不同年龄组的孩子。

师和导师如何感知主动性的数据。然而，由于还有其他更紧急的议题需要讨论[1]，没时间把问卷作为镜面材料。接下来，研究人员向参与者介绍了恩格斯托姆三角模型（Engestrom，1987，p. 87），以及如何用它来分析活动。课堂教学便是一个活动系统的案例，该活动系统包括共同体（教师、学生，也包括扩大范围后的家长）、规则（互相尊重，教师讲课时不要说话）、分工（教师教，学生听）、教学工具（课本、电脑、手册）、目标和意义建构（分别为获得证书和向从业者学习）。

学生们互相帮助，用同样的恩格斯托姆三角模型来分析工作场所。例如，在儿童保育中心所在的共同体中，也需要将家长考虑在内。分工包括：做饭；教师组织孩子们活动；学生们打扫卫生，与孩子们互动；孩子们学习。活动中使用的一些工具为橡皮泥、书籍和积木。活动的对象——"原材料"（见 Engestrom，2001b）是儿童。活动的成果是她们在安全和健康的环境中学习。

在革新实验室的第二部分，学生们重温了一周前举行的会议，参加会议的有学生所在学校的职业教育和培训协调员。职业教育和培训协调员上次会议讨论的内容在研讨会期间作为镜面材料呈现（见表5.5）。

表 5.5 第一次研讨会，镜面材料
职业教育和培训协调员与注册培训机构教师兼课程协调员开会的成果
儿童保育三级证书将在次年发生的变化

先决条件	今年 2012 年	明年 2013 年
孩子及其父母的信息	无	强制要求
申请表	有	有
10 年级志愿工作经验	不需要	最好在 10 年级期间有一些行业经验，通常是一周
准入面试	无	有
课堂和实践场所的入职教育	不需要	强制要求

---

[1] 为了强调此项素养的重要性，在意大利的研讨会中使用了同一个问卷。

在研讨会期间，参加会议的课程教师和协调员需要总结会议的成果，这些成果主要围绕次年三级证书在注册时的变化展开。教师向参与者解释了选拔学生的重要性。在实施选拔过程中，注册培训机构和学校的目标是找到真正想要学习这门课程并能够认真参与其中的学生。此外，选拔的过程还旨在为家长们提供所有必要的信息，以便帮助其孩子做出正确的选择。教师兼课程协调员表示，其中主要考虑的一点是学生和家长对育儿课程的期望，"这不仅仅是和孩子们一起玩耍和照料幼儿"。表 5.6 是研讨会部分内容的文字记录。

大家鼓励参与者利用恩格斯托姆三角模型（Engestrom，1987）来分析新的招生过程。在共同体中大家发现一个问题：这一问题涉及招生过程，即如何选择适合该课程的学生。另一个问题与活动的目的有关：这门课程的目的是使学生学习如何成为一名优秀的儿童看护人员，而不仅仅是赚钱。

课程教师兼协调员说，虽然这是她第一次了解这个三角模型，但她立即喜欢上了它，因为用这个三角模型，人们可以从不同的视角来分析该活动系统。恩格斯托姆三角模型有助于拓宽看待问题的视野，而不是只关注局部。对项目规则产生影响的又一个例子是在第二学期开始时给家长邮寄信件，信中表明了课程的期望。此外，一名学生表达了对活动规则的看法，她表示更换教师常常令她困惑，例如一位教师允许在教室里吃东西，而另一位不允许。

次年注册儿童保育三级证书时的新规定要求，注册培训机构和学校必须为学生和家长开宣讲会。当问学生们对这项新规定的感受时，她们都表示这是个好主意。因为在入学时并没有人告诉她们准则以及项目对学生的期望。注册培训机构和学校希望家庭能够理解本课程是一门学校本位学徒制课程，在实习时，学生们会被看作工作者。学生的家长们还需要知道，注册培训机构提供的工作场所也可能不会"就在附近"，这可能会给他们乘坐公共交通到工作场所带来问题。

表 5.6 第一次会议 部分会议记录

教师	因为这项研究对我们有帮助，我们才愿意参与其中。我们希望从你们那儿得到反馈，我们所能做的就是要取得更好的结果，比如一个更棒的项目。［……］
学生 1	我觉得儿童保育中心的任何工作经验都能帮助学生更好地了解孩子们的喜好。
教师	当然了！当你第一天在儿童保育中心工作的时候，这是一种非常可怕的经历。通过短暂的工作体验，学生们可以清楚地知道将要做什么。我和这里的几位协调员谈过，我们认为一些学生可能是被她们的教师或生涯指导教师逼着上这门课程的。她们通常会说："反正你们也不知道自己未来要做什么，为什么不试试呢？"你知道的，有各种不同的原因。在这种情况下，我不想说家长或教师是不对的，而是想说通过采访像我这样或参与该项目的人……通过一个简短的面试来了解一下学生们为什么会选择这门课程：是出于兴趣还是迫于压力？［这］会让我们了解为什么学生想要参加这门课程。届时，我们也可以选择让不适合的学生不被项目录取。
学生 1	我知道我们班上有几个学生是被迫来的。
教师	呃，这个我不确定……（尴尬）
学生 1	哦不，我们谈过了！她们说自己真的不想参加，只是别无选择。
教师	我不希望发生这样的情况，因为它破坏了整个班级的氛围，我们今年就遇到了这个问题。这对其他想要去实习的学生不公平，对那些本可以去其他地方的学生也不公平。
生涯指导教师	是的，如果你一点儿也不感兴趣，那这一周对你而言挺煎熬的。
教师	是的，你们都觉得增加面试合理吗？
学生 1	我认为合理。
学生 2	赞同。
学生 3	是的，这很合理！
研究人员	好的同学们，我知道把人聚在一起并有效率地开展工作很难。那些同学也需要时间自信地表达出自己的想法。你们能给我们一些反馈吗？
学生 3	这非常好……
学生 2	太棒了！
研究人员	我们还需要邀请其他人吗？
学生 4	正如您前面所说的，我同意增加一些要求，这样我们就能知道这门课程是关于什么的，而不是直接就开始上课了。

新的入学准则将优先考虑有工作经验者。当被问及此事时，学生们认为在 10 年级获得工作经验对她们有益，因为这有助于明确她们对儿童保育三级证书的期待。因此，学生们觉得这个准则合情合理。

第三条准则，可能也是最重要的一条，是面试，旨在了解学生为什么想要注册证书。注册动机不恰当的例子可能包括：学生只是想获得报酬；她在学校的表现很差；或者是她没有别的事情可做。参加会议的同学们都同意课程教师和生涯指导教师的意见，即动机面试也是一个合理的要求。第二年可以落实的最后一件事是入学后为期两天的入职培训，一天在课堂上，一天在工作场所。这将使学生对课程有更清晰的了解以及更加明确自己的期待。

在第一次研讨会结束时，学生们都很高兴，并期待着接下来的研讨会。在新一轮的招生中，我们充分考虑了她们的意见。她们从一开始就体现出了参加会议的积极性，可能是因为人数少，也可能是因为环境很鼓舞人。教师兼课程协调员也很高兴，因为她可以收集反馈，更好地改进课程。

第二次研讨会

每次会议的第一部分都是总结上次会议的成果。随着时间的推移，提醒参与者上一次会议的主要内容的确也是必要的。

因此，在第二次研讨会上，研究人员通过绘制图表，来展示三级证书项目在接下来的一年中将会发生的变化。根据恩格斯托姆三角模型理论，研究人员还投射出实践活动中的三角模型，以便参与者可以将其作为中介工具，更好地熟悉和分析实践活动。如图 5.1 所示。

这张图片根据学生的观点（主体）总结了儿童保育中心的实践活动。图中也包括上一次会议中讨论的一些有关工具、规则、组织、分工、对象和成果的例子。

接下来，学生们还针对下一年她们可以修习的课程进行了提问。对话的部分文字记录见表 5.7。

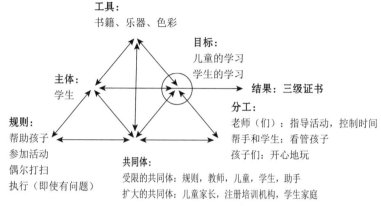

儿童保育三级证书
幼儿园活动系统

工具：
书籍、乐器、色彩

目标：
儿童的学习
学生的学习

主体：
学生

结果：三级证书

规则：
帮助孩子
参加活动
偶尔打扫
执行（即使有问题）

分工：
老师（们）：指导活动，控制时间
帮手和学生：看管孩子
孩子们：开心地玩

共同体：
受限的共同体：规则，教师，儿童，学生，助手
扩大的共同体：儿童家长，注册培训机构，学生家庭

图 5.1　第二次会议　第一次研讨会总结
用恩格斯托姆三角模型来表示学生视角工作场所中的活动

由于获取三级证书还需要一年的时间，这为 11 年级学生带来了问题。因为她们必须参加另一门职业课程（例如社区服务二级证书）才能留在维多利亚应用学习证书学习班并且继续完成高中学业。此外，获得的二级证书比三级证书水平低，并不是她们学业的终点。因此，该课程只适用于维多利亚应用学习证书的完成。代表学校的生涯指导教师和代表注册培训机构的教师兼课程协调员在学生们在场的情况下讨论了这个问题。由于充分的讨论，学生们提出问题后得到了很好的解决。找到的解决方案是，生涯指导教师和教师承诺在接下来的一年中找到解决方案：获得二级证书的学生，课程中的某些单元可以被独立出来并获得认证。当她们毕业后想继续获得注册培训机构颁发的四级护理证书（基于工作的认证）时，上述学习经历依然有效。①

在此之后，参与者听取了一段导师的访谈，作为镜面材料。访谈是关于年轻人去儿童保育中心学习的动机问题。访谈中提到，如果学生并不仅仅是因为"学校派她来"，而是出于自己的动机的话，那么工作体

① 从终身学习的视角看待主动性和创业素养，该讨论有助于学生了解到该素养与潜在的就业机会相关联：为了更好地抓住机会，学生需要提前了解有哪些选择。

验通常对幼儿园和学生们都是一种正向的体验。一个成功的学徒，是可以并且愿意与孩子们互动的。

表 5.7 第二次会议 部分会议记录

研究人员	我想问问学生们明年要做什么。
教师	很多学生都是 11 年级的，都会被问及明年该做什么。这样我们就可以从她们那里得到一些反馈。在座的有 12 年级的学生吗？你们得到三级证书后，可以直接工作或继续求学。其他学生（11 年级）需要继续在维多利亚应用学习证书课程中学习，或者你们希望明年会有哪些选择？
学生 1	（我们的课程）不应该是两年制的吗？
教师	只有当课程是一周一天的时候，才需要两年完成。因为这个课程是学校本位学徒制课程，大家工作一天，在学校里还要学习一天，因此课程最终为期 12 个月。
学生 1	因为我的朋友就在两年制的课程中学习……
教师	是学校本位学徒制吗？
学生 1	我认为不是，因为她没有工资……
生涯指导教师	现在我们的问题是，如果我们的学生想留在维多利亚应用学习证书项目中，她们必须在下一年里参加另外一门职业课程。除非去参加社区服务，否则很难完成。
教师	社区服务二级证书不是需要一年或两年吗？
生涯指导教师	两年，但她们可能只能完成部分社区服务内容，对她们而言这可能是最好的选择。
教师	学校更愿意提供两年制课程吗？
生涯指导教师	我想是的。这样和学校的课程更加合拍……
教师	好的，明白了！我对维多利亚应用学习证书项目还不太熟悉……
生涯指导教师	她们能在两年内以同样的方式获得四级证书或获得学位吗？
教师	我们正考虑在第二年提供学位，因为如果以同样的方式完成，一天在课堂上，一天工作，文凭也可以用一年获得。然而，根据我过去几周所接触的研究人员的说法，我们认为文凭不算维多利亚应用学习证书的科目。我和校长都很清楚学生非常关注此事，我们想为大家做点什么……我们希望明年为学生提供文凭或四级证书［……］
生涯指导教师	另一种选择是我们在 11 年级提供社区服务二级证书，在 12 年级提供社区服务三级证书。
教师	是的，你说的对！不好意思同学们，我们需要你们的反馈！对于以后的学生而言，只为 12 年级的学生提供这个课程会更好吗？
学生 2	是的！赞同！

随后进行了讨论。参与者都同意工作导师的观点，对孩子真正感兴趣对学生们职业发展至关重要：照顾孩子可不仅仅是一份办公室工作，而是需要学生们想干且能享受与孩子们的接触。与孩子们互动的先决条件是知道如何与其相处。教师兼课程协调员还要求学生反馈课程情况。学生们表示，在如何与孩子互动方面，课堂上的准备工作显然是不够的。她们建议，课程最好可以从法律部分讲起，这样在遇到问题时她们就知道如何应对了。这位教师兼课程协调员表示，她不是特别喜欢从课程的法律部分开始，因为她认为这是最枯燥的部分。而学生们反馈这些内容并不枯燥，她们建议可以增加小组作业和海报制作环节，这会使课堂更加吸引人。教师兼课程协调员很高兴收到这样的反馈。

在这次会议上，大家还通过预测拓展性学习的周期（Engestrom & Sannino，2010）来分析现实，而且表现出已经开始思考上述问题并开始促进学校和工作场所之间的互动了。

第三次研讨会

教师兼课程协调员休了产假，她的工作被分配给了两个人：新任教师和新任协调员负责接手她的工作。尽管如此，原来的教师兼课程协调员对革新实验室和她从学生那里得到的反馈仍然非常感兴趣，她还是努力来参加研讨会。

研讨会开始时，小组讨论了如何在第二年获得儿童保育三级证书，以及学生们可以学习哪些课程。讨论的问题包括学生能否获得政府资助，该证书是否计入维多利亚应用学习证书，以及该证书中嵌入的学习包是否也可以用于其他高级职业培训。

随后，一段采访注册培训机构幼儿园主任的视频作为镜面材料播放。采访的第一部分讲述了一个学生的故事，以及她在幼儿园上班第一天是如何介绍自己的。在主任收到注册培训机构总部电子邮件的前一天，她收到了一封电子邮件，说一名学徒即将来这儿，这位主任觉得无论学生的工作动机如何，都有义务接受她。工作的第一天，这名学生来了，耳朵里还塞着耳机，即使进了幼儿园也没有把耳机拿出来。这说明她对工作不感兴趣，好像在说"我不在乎你"。然而，当幼儿园主任给她解释了该做什么之后，她最终还是转变为一名好学徒。

也正是出于这个原因，幼儿园主任表达了她的愿望，想面试每一位未来可能会来的学徒及其父母，这样可以核实"她们是不是真的想来这里"。她还认为注册培训机构开展的类似面试还不够，因为学生还必须适应特定儿童保育中心的文化。在访谈的第二部分，主任呼吁学校和工作场所之间加强合作。如果工作场所的工作人员知道学生们在课堂上做了什么，他们就会在工作场所跟进。最后，主任说，在她那儿实习的学生们表现出了足够的主动性，但还需要给予更多的支持，如开展一对一辅导来提高学生的学习水平。

访谈视频播放完后，参与者们进行了讨论。这位前教师兼课程协调员说，儿童保育中心主任认为他们"应该超越"注册培训机构。她说，这需要一个持续的过程，因为不是所有的机构都愿意面试学生及其父母。此外，儿童保育中心可以决定是否接收某个学生，但该学生是否被该课程录取"不是他们说了算"。无论如何，通常的做法是，儿童保育中心的主任可以在迎新日和培训日观察潜在的学徒，并向注册培训机构提供反馈，这种做法可能会更受欢迎。

前课程教师兼协调员的观点表明了从多个角度思考问题的重要性。一个女孩说："这让我们回到了（恩格斯托姆）三角模型。"在处理问题时，将很多因素考虑其中是很重要的，三角模形有助于思考规则、共同体、分工、对象、工具和主体的观点，这有利于用更加广义的视角去看待组织。对于主任提到的学校和工作场所的脱节，前教师兼课程协调员表示，素养手册有助于让工作导师知道教师在课堂上做了什么。不过，她也承认，交接程序需要改善。有时学生们并没有把手册交给她们的工作导师，有时工作导师并没有时间查看工作手册。一名学生说，手册中使用的语言太难了。前教师兼课程协调员说，注册培训机构已经解决了这个问题。她强调，基本想法是要求学生表现出主动性，并不断要求她们的工作导师完成手册。然而，学生们抱怨导师有时太忙，没有时间看。尽管如此，工作场所接受了安排学生实习的政府资助，导师就必须抽出时间来完成学生们的手册。

第四次研讨会

第四次研讨会是前教师兼课程协调员能够参加的最后一次研讨会。在总结了上一次会议后，研究人员介绍了一张由两个相互作用的三角形组成的图表，展示了如何将学校和工作场所视为两个相互作用的活动系统，使学生们的学习成为一个可能的共同目标（Konkola et al., 2007）（图 5.2）。

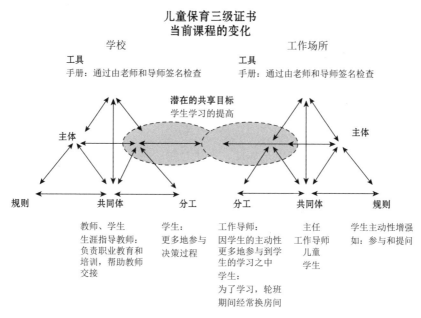

图 5.2　第四次会议　将学校和工作场所视为两个相互作用的活动系统

三级证书是联系这两个相互作用的三角形的情境纽带，目标是让小组成员从相互作用的三角形的视角来看待迄今为止讨论的所有变革。例如，有人讨论过，把这本手册当成连接工作场所和课堂的工具。在视为活动系统的课堂中，生涯指导教师被纳入共同体中，可以帮助教师间的交接。在班级的分工中，部分学生参与了决策。在视为活动系统的工作场所中，有人提出主动性和创业素养的增强会增加对共同体的参与，从而获得更多的学习机会。学生可以表现出更多的主动性，主动要求她们的导师完成她们的手册（作为两个活动系统中的工具），可以更定期地将手册交给教师。研究小组一致认为，让她们的导师完成这本手册的最佳时间是午饭后，那时候幼儿园孩子们正在午睡。

在讨论了如何在职场中表现得更具主动性之后，学生们被告知，前一周开始上课的教师将在两周后被新任教师取代。这位前教师兼课程协调员说，更换教师在这一行业是很正常的，并且具有积极意义，因为注册培训机构希望为每个科目找到最好的教师。这样学生们就有机会学会适应不同的教学风格。无论如何，新任教师（现任协调员）将开始一个新的素养单元，这将更容易过渡。这样，教师和课程协调员的角色将再次由同一个人担任。

联系到恩格斯托姆三角模型，学生们建议在学生和教师之间进行明确的分工。例如，现在的教师（即将离开的那位）曾经问过学生们的日常活动是什么。教师问这个问题是一个积极的信号，因为虽然学生要适应新任教师，但反过来也是如此，学生也可以成为顺利交接的资源。大家还一致同意，学生有责任主动发起互动，并直接联系协调员和新任教师。事实上，一个女生已经表现出主动性，她写信给课程协调员，并得到了积极的反馈。大家一致同意，将利用接下来的研讨会来研究如何使交接更加顺利。一名学生强调，之前的教师特别体贴，因为她能够针对每名学生的需求进行教学。例如，她给一些学生更多的时间完成课堂作业，并主动帮助其他学习有困难的学生。

第五次研讨会

当问及学生们对更换教师的感受，她们都表示很沮丧。继上次会议之后，生涯指导教师询问她们是否有问题要向注册培训机构的课程协调员以及学校的职业教育和培训协调员传达。为了简化交接过程，小组开始集思广益，并记录下想法。成果如图 5.3 所示。

图 5.3 第五次会议 关于如何让教师更容易交接的头脑风暴

　　小组讨论了规则和分工。例如，教师应该对学生因材施教，从而保持灵活性。除此之外，她还应该能够创造良好的关系并与学生们友好相处。总之，在讨论中强调了在选择新任教师时有两种不同的需求。一方面，行业需要为每门课程配备最好的教师。另一方面，学校也需要确保连续性[①]：师生之间的工作关系是需要时间来建立的。讨论的成果是大家共同绘制出了一个理想教师的导图。这样的教师将体现迄今为止所有教师的特点。大家还一致同意，学生们将在下次研讨会上把这个导图展示给新来的教师。由于它的重要性，导图成为本次研讨会的成果。

　　这张导图是头脑风暴的结果。在生涯指导教师的帮助下，学生们考虑将这个导图绘制出来，由生涯指导教师（作为学校代表）传递给注册

---

　　① 这可以被视作一种在不同规则和活动系统间的矛盾，即四级矛盾（Engestrom & Sannino, 2010）。

培训机构的新任教师兼课程协调员。通过了解导图，新任教师可以更好地理解学生们对她的期望。从学生的角度来看，新任教师可以被看作课程活动系统的"新人"，而学生则更有经验，她们参加学校的活动系统已经几个月了：对班级中的共同体、分工、规则更为了解。

在会议的下一阶段，播放了对注册培训机构儿童保育中心主任的采访视频。研究人员提前告知学生们访谈将包含强烈的个人观点。而这只是个人观点，大家不必都认同。[①] 这次访谈很重要，因为参加研讨会的四名学生正在注册培训机构儿童保育中心工作，访谈中谈及了她们的工作。由于刚刚在那里工作几周，学生们还没有机会和主任见面。

在视频中，儿童保育中心主任认为她的学徒（也就是参加研讨会的学生们）缺乏就业技能："有些任务和轮班需要学生们及时完成和参加，因为我们要保证一定的师生比[②]。如果某一学生发生迟到或早退的情况[③]，她一定是缺乏就业技能。我会认为她缺乏责任心。"

学生们的第一反应是惊讶和愤怒。她们反映儿童保育中心离家太远，而且不允许学徒开车，为了在早上 7 点前赶到，她们不得不在凌晨 4 点起床。这就是学生们会要求获得课程教师和协调员的批准，在早上 9 点到达的原因。学生们以为自己只是参与三级证书项目的学生，是"多余的人手"：没有人告诉她们自己是"师生比的一部分"。她们还认为主任对她们存在误解，毕竟她们才刚刚开始工作，主任并不认识自己。主任根本不理解学生不同角色间的冲突，她们有时是学生，有时是工作者。有学生说，虽然主任对灵活性有要求，但她本人一点儿也不灵活。当有人问儿童保育中心主任，学生如何表现自己的积极性时，她认为学生们应该表现得更主动，比如向其他员工或者她自己进行自我介绍。

观看访谈的结果是学生们在理想教师导图上增加了一条"明确的期

---

① 在开放式问卷中，生涯指导教师不适合参照这一反馈。然而，革新实验室与多角度和辩证法相关（Engestrom & Sannino，2010），而且，这一镜面材料在调动学生的主动性和创业素养方面卓有成效。

② 该比例是房间里教育者和儿童数量之比；这是法律规定的，学生也是这一数字的一部分。

③ 儿童保育中心早上 6 点开门，晚上 6 点关门。

望"。会议上她们的积极参与令人印象深刻。

第六次研讨会

在最后一次研讨会上，新任教师兼课程协调员参加了会议。学生们向她展示了描述完美教师的导图。学生们用实际例子来解释这一导图。举例说明，教师需要愿意和学生们在一起，而不仅仅是教书：她还需要给予学生人文关怀。她需要了解每个学生的独特性，并使课程个性化，用语适应学生的水平。许多学生喜欢实践学习而不是理论课，教师需要考虑到这一点。重温会议讨论的恩格斯托姆三角模型关系，学生们还强调了课堂上"理想的分工"。学生们"不必什么都做"，教师需要提供支持。最后，教师还需要与课程协调员和导师联系，从而弥合学校、工作场所和注册培训机构之间的分歧。

这位新任教师兼课程协调员说，作为课程协调员，她很欣赏学生们展示的导图，因为她需要反馈来调整手册内容和她在课堂上的活动。学生们还问了她一些问题（关于之前的镜面材料），关于她们在工作场所被视作"师生比的一部分"。教师兼协调员表示自己尚不确定，需要进行核实。在新任教师兼课程协调员离开后，研究人员用下面的幻灯片总结了大家在之前的研讨会上观看的儿童保育中心主任的采访。

表5.8展示了主任最具争议的句子，这些句子充满了不满，引发了小组内部的争论。图5.4用来向大家展示如何根据恩格斯托姆三角模型将这一问题概念化（Engestrom，1987，p. 87）。

表5.8　第六次会议，镜面材料　注册培训机构儿童保育中心主任的访谈摘要

> **冲突：学生是师生比的一部分吗？**
> 与儿童保育中心主任的访谈
>
> 因为她认为学生们缺乏就业技能，所以她是不会雇用大部分学生的：
>
> "你们觉得太早了而无法从7：20开始工作，这是不能被接受的……你们不能早退，因为我们要维持一定的师生比。你是比例的一部分，所以你是被需要的，一旦你离开了，就破坏了这一比例。"
>
> "我希望看到学生百分之百成为组织的一部分，如果她们无法在7：20开始工作，这是其不够灵活的表现……我猜她们的心思并不在这儿。"

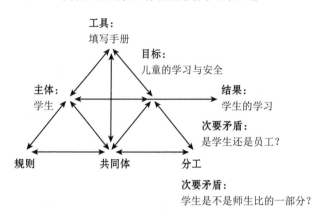

困境：如何在工作场所结合学习和工作

图 5.4　第六次会议　恩格斯托姆三角模型将年轻人所面临的问题
（她们是学生还是工作者？）概念化为活动系统中的矛盾

这里似乎存在着一个主要矛盾——用马克思主义的术语来说，是作为商品的学徒的使用价值和交换价值之间的矛盾。儿童保育中心希望这个学生和其他工作人员一样能干。与此同时，这个学徒也是学生，需要学习。这个主要矛盾在劳动活动体系的分工中产生了一个次要的矛盾：学生是否应该被当成"师生比的一部分"？

生涯指导教师试图调解：她明白去儿童保育中心对学生来说很难，她们只是学徒。然而，学生们必须明白，当承担全职工作时，"雇主总是会对你百般刁难"。学生们有责任准时上班、自我介绍、让自己和老板之间的沟通清晰有效。[1]

然后鼓励学生们记下她们的想法。主要问题是：她们是学生还是员工？学生们的期望是什么？学生们拿出了一张关于相互期望的海报。这将在之后的章节中有关澳大利亚研究结果的部分进行描述。

为了弄清楚这一矛盾，双方一致认为，彼此的沟通非常重要。注册培训机构的协调员应该与学生和她们的儿童保育中心保持联系。此外，还需要对学生进行某种"绩效评估"，这样就可以定期从保育中心主任

---

[1]　顺便提一下，这些似乎都是就业技能的特征。

那里得到学生们表现的反馈。大家还同意，学校职业教育和培训协调员应参与进来，帮助改善班级、注册培训机构和工作场所之间的沟通。

这次研讨会结束后，学生们在举办研讨会房间旁边的大厅里边吃边聊，显然很开心。一名学生走近研究人员，表达了她对革新实验室研讨会的赞赏。她对研讨会特别满意，因为学生们有机会表达自己的观点，并与成年人一起解决共同的问题。她建议，无论是她所在的班级，还是整个学校，都应该让更多的学生有机会参加研讨会，推动课程质量的提高。

这是在澳大利亚召开的最后一次研讨会，因为研究人员不得不前往意大利进行研究。尽管研讨会已举办了六次，但每个人都希望可以继续下去。大家一致同意，在研究人员回到澳大利亚后，大家将举办几次后续会议，目的是了解会议上所讨论的各项问题的进展。有关研讨会成果的最终调查问卷也会在后续会议上完成。

研讨会的后续工作

在意大利革新实验室研讨会结束后，研究人员返回了澳大利亚。遗憾的是，由于儿童保育方面的课程已经结束，无法对参与项目的学生进行跟踪研究。因此，研究人员不得不采取不同的方式征求反馈。通过电话采访收集了关于主动性和创业素养的意义以及变革新实验室的开放答案。关于同一能力的多项选择题答案通过邮寄或电子邮件收集。研究人员还在学校与生涯指导教师（他参加了会议）以及职业教育和培训协调员（他在项目的组织中提供了很大的帮助）见了面。此外，研究人员还见到了注册培训机构的经理。

研究人员去了天主教地区学院，会见了参加会议的生涯指导教师和帮助准备研讨会的职业教育和培训协调员。他们反馈说，在研究人员缺席期间，三级证书的学生再次更换了教师和协调员，因为之前的教师需要搬到阿德莱德去指导属于同一个注册培训机构的儿童保育机构。此外，他们还反馈道，得益于研讨会的讨论，儿童保育三级证书将来会进行调整。研讨会期间提出的大部分建议都已付诸实践，这样可以招收到最合适的学生加入课程。另一个变动是三级证书将在两年内颁发。第一年颁发二级证书，这一证书不需要学生与行业充分接触，只需要两周的社区工作经验。第二年将颁发三级证书，每周授课两天，一天在学校，另一天在工作场所。两种证书的主要区别体现在所提供的培训合同类型上，一个是学徒制，一个是实习制。二级证书和三级证书都将被视为获得维多利亚应用学习证书的重要内容，这样有利于学生在 11 年级后选择继续获取四级证书或者社区服务文凭。

根据职业教育和培训协调员以及生涯指导教师的说法，革新实验室会议取得了成功，因为学生接收到了积极的反馈，从而反思如何提高自身的技能。学生们学会为自己的学习和职业生涯负责。教师们也很高兴，因为研讨会带来了积极的变革。研讨会对学校而言也十分有益，因为教师可以更好地了解学生的学习需求。事实上，研讨会确实反映出一些亟待解决的需求，例如，学校要求注册培训机构在课程全程配备同一名教师。

研究人员在一周后得以与注册培训机构的培训活动经理见面，展示了学生制作的作品。第一个是她们只需要一个教师（完美教师导图），第二个是更好地理解各自的期待（相互期望海报）。经理说，他们认真考虑了教师流失的问题，已经找到了一位合适且稳定的教师（这次是男性）。经理注视着导图，向研究人员进一步解释道，在革新实验室研讨会上讨论的许多内容都将在下一学年落实：包含信息日、选拔性面试、前期工作经验以及学校和工作场所的迎新培训日等在内。他还强调道，今年是首次在学校颁发儿童保育三级证书，前一个注册培训机构在课程开始前一周退出了该项目，而他的注册培训机构接手后只有几天的时间来准备。参加课程的一名学生（但没有参加研讨会）荣获了年度最佳职业教育和培训学生奖。基于上述情况，大家一致认为这个课程项目取得了成功。针对下一年的培训，截至当前，他已经收到了 22 名候选学生的报名。

很巧的是，在同一天，研究人员还见到了儿童保育中心的主任。这位主任在上次采访中（在第五次研讨会中用来当镜面材料）评价她的学徒缺乏就业技能。她坦诚自己上次的判断是不恰当的，因为学生们刚入职，自己还不了解她们。最终，她为学生们与孩子和同事的沟通方式感到骄傲。在接受研究人员的采访后，她对学生的就业技能进行了反思。她意识到自己有责任迈出第一步：向学生介绍自己并使其感到舒适，这样学生们才能有最佳的发挥。接下来，这位主任说她已经向参与三级证书课程的学生发出会议邀请，在会上询问一下学生们是否遇到什么问题以及她能够为学生提供怎样的帮助。与研讨会上讨论的结果相似，生涯指导教师也同意由主任迈出第一步。在开放式问题部分，她写道："最终，雇主作为企业主或管理者的目的是最大限度地发挥员工的作用，以保持有效的工作体验，为组织增加收入。在此案例中，表现出主动性的称职的儿童保育工作者为团队做出积极贡献，这样在工作场所也更受欢迎。"

　　学校将在第二年开设学校儿童保育三级证书课程，届时学徒制将变成实习制[①]。学生的工作是没有报酬的，同时她们需要自己找工作地点，这意味着她们将分散在整个地区[②]。届时，教师走访众多的工作场所并观察学生与孩子们的互动将变得很困难。关于这点，注册培训机构的培训活动经理说道："明年大部分活动将会在课堂上进行。"

---

　　① 关于相关培训合同的更多信息参见维多利亚州政府（State Government of Victoria, 2011）。

　　② 在此研究中，注册培训机构提供学徒机会，将年轻人集中在几个工作场所之中。这无疑有助于维持学校和工作场所之间的紧密联系。

第六章　意大利和澳大利亚的
比较研究

　　本章将意大利和澳大利亚所搜集的数据进行了比较研究。首先，从环境出发进行了总体比较。接下来，通过多项选择题、开放式问题和导图的使用，将意大利和澳大利亚革新实验室研讨会的结果进行了比较。最后，对研究结果展开了评论。

两种教育环境的比较

　　比较研究是在澳大利亚和意大利两个国家进行的。为了帮助读者更好地理解这些内容，表 6.1 总结了与本研究相关的要素。仔细分析，可以发现这些要素丰富了本项研究，而且不同内容包含或者象征着同一个概念：主动性和创业素养。

　　这项比较研究集中在两个经济合作与发展组织国家后工业时期的职业教育和培训系统。在意大利，这项研究是在一所国家级技术学院开展的，这个学校位于意大利北部伦巴第大区的一个小城市，主要培训建筑测量员。在澳大利亚，这项研究是在维多利亚州墨尔本附近的一所天主教学院进行的，这是一个有关儿童保育三级证书的课程。

　　按照伊安内里和拉菲（Iannelli & Raffe，2007）的划分，正如第二章所述，意大利的职业体系蕴含着教育逻辑。职业教育由公立的技术类专门机构提供，学生在毕业后可以很容易地继续上大学。尽管技术类专门机构的专长是从事技术教育，但通常大多数的职业教育会在学校提供的课程中来完成。在一年级和二年级期间，大部分科目是与通识教育相关的。从三年级到五年级，多数科目开始变为职业性质。学校和工业之间的联系是松散的，课程中要求的工作部分的内容也很少。本研究的研究对象是一个意大利的技术学院，研究对象是四年级的学生，按照课程的要求，学生需要进行为期两周的工作体验。而在本研究中，参与本研究的学生需要进行一个更长时间（两个月）的工作体验。学校—工作交替制使学生进行更长时间的实习成为可能，作为形成性的工具，可以保证学生长期离开学校的同时还能在工作场所学习到相同的能力。

澳大利亚的职业教育由不同类型的提供方提供，包括澳大利亚技术与继续教育学院、大学以及注册培训机构。这些机构可以是公立的，也可以是私立的。澳大利亚职业教育体系也蕴含着教育逻辑（Wheelahan et al., 2012），但是，在接受像维多利亚应用学习证书这样的职业认证后，学生是无法立即进入高等教育中学习的。只有一些课程，尤其是那些与常规职业有关的课程（护士、电工等），是围绕职业逻辑（Wheelahan & Moodie et al., 2012）来运行的，通常这些课程中的行业和培训方有非常紧密的合作。本研究的研究对象，即儿童保育三级证书课程，也属于这种情况，它是一种学校本位学徒制模式。这个课程由一所天主教地区学院和一个注册培训机构共同开发。学校提供学生和教学场地，而注册培训机构提供教师、课程资料和（大多数时候的）工作地点。在一年的时间里，每一名学生每周都有一次工作体验。然而，基于学校开展的职业教育和培训包含在通识教育内，这意味着很难在兼顾教学课程和工作体验的同时，提供非常充分的职业教育。在本研究中，每周的课程只有六个学时，工作体验为每周一天。

表 6.1 两种教育环境的比较

	经济合作与发展组织国家	
	澳大利亚	意大利
职业教育和普通教育间的关系	学校教育包括基于学校的职业教育和培训	职业技术教育与培训、普通教育均由不同的机构提供
职业体系* 蕴含的逻辑	教育性	教育性
毕业后继续上大学的可能性	无	有
研究所聚焦的资格证书	学校职业教育和培训 儿童保育三级证书	建筑测量员文凭
提供方	天主教学院和注册培训机构	国家级技术学院
特定资格证书蕴含的逻辑	就业逻辑	教育逻辑
所提供的职业教育类型	职业性	技术性
课程时长 / 年	1	5
学校职业课程每周学时 / 时	6	4（一年级） 7（二年级） 18（三年级） 19（四年级） 22（五年级）
工作体验的合同类型	学校本位学徒制 在一整年中每周需要去一次 每个学生都可以申请	学校—工作交替制 课程大纲中设置两个月完整的工作体验 只针对参加本研究的学生
研讨会的参与者	学生	5 名女生	10 名男生 3 名女生
	教育工作者	2 名教师	2 名教师 1 名学校副校长 4 名工作导师

* 依据伊安内里和拉菲（Iannelli & Raffe，2007）的过渡系统类型。

　　另一个有助于理解这项研究的因素是革新实验室研讨会参与者的数量和类型。在澳大利亚，有 5 名女学生参加了会议，而在意大利，有 10 名男学生和 3 名女学生参加了会议[①]。在澳大利亚，有 2 名教师，分

---

① 本研究不涉及性别问题。

别是生涯指导教师和注册培训机构教师兼课程协调员参加了研讨会。在意大利，教师队伍队伍更强：2 名技术教师、1 名学校副校长兼人文学科教师和 4 名工作导师定期参加研讨会。

该研究的局限性之一是参与的学生人数较少，从而影响了本研究的普遍性。在意大利，13 名学生回答了多项选择题，但在澳大利亚只有 4 名学生完成问卷。关于开放式问题，研究人员收集到的数据分别为意大利 19 人和澳大利亚 7 人。尽管如此，革新实验室研讨会通常都是针对少量群体和试点单位的（Engestrom & Sannino，2010）。在考虑到了研究的局限性后，本章将重点放在比较研究意大利和澳大利亚举办的研讨会取得的成果，最终总结出基于革新实验室的创业教育新模式。

多项选择题答案

这一部分将会比较意大利和澳大利亚的学生们对于多项选择题的回答。由于问卷很长，很有必要进行数据选择来减少对比的数量。首先，将澳大利亚和意大利的数据汇总进行比较。两个国家的学生们对通过体验提高的觉知水平以及专业成长的重要性都将会在这部分呈现。

本章将进行详细的分析，比较两个样本的学生在主动性和创业素养中知识、技能和习惯方面的觉知成就水平。知识和技能的衡量指标参照的是欧洲终身学习资格框架（EQF）的描述，而习惯划分为从"没有"到"优秀"四个等级。本研究的局限性之一是没有对数据进行统计检验。这是因为样本数量太少了，统计检验没有意义。所以，比较更多是定性研究。

有关第七项欧盟核心素养主动性和创业素养的知识、技能和习惯方面，表 6.2 比较了意大利和澳大利亚的整体教育结果。

总而言之，学生们的主动性和创业素养普遍提高了，澳大利亚学生的学习结果被评为 EQF 4 级，意大利学生的学习结果被评为 EQF 3 级。

表6.2 呈现了知识、技能和习惯的中位数。每一行都被细分为两组，

一组是澳大利亚，一组是意大利。在这些栏目中描述了有关体验的提升、觉知水平以及知识、技能、习惯对学生专业发展的重要性等方面的评估结果。

表 6.2 关于主动性和创业素养的知识、技能、习惯方面的比较

主动性和创业素养		两个月体验的提升（中位数）	觉知水平（中位数）	个人专业成长的重要性（中位数）
知识	澳大利亚	中等	EQF 4	重要
	意大利	中等	EQF 3	中等
技能	澳大利亚	在中等和显著之间	EQF 4	重要
	意大利	中等	EQF 3	重要
习惯	澳大利亚	轻微	良好	重要
	意大利	轻微	良好	重要

资料来源：意大利组（N=13），澳大利亚组（N=4）。

通过分析，体验课程在一定程度上增加了学生的创业知识[1]。在知识维度，澳大利亚学生觉知水平对应 EQF 4 级，即"了解工作或研究领域内广义的事实和理论知识"，意大利学生在知识维度对应得分为 EQF 3 级，即"了解工作或研究领域内的事实、原则、过程和基础概念"。另一个差别体现在创业知识对学生专业成长的重要性上，澳大利亚学生认为很重要，而意大利学生认为的重要性只有中等水平。

在与主动性和创业素养相关的技能[2]方面，通过两个月的实践体验，澳大利亚学生的提升介于"中等"和"显著"之间，而意大利学生的提升为"中等"。与知识维度类似，在技能维度方面，澳大利亚学生的觉知水平对应为 EQF 4 级（"具备解决从一般情境到具体问题所需要的技能"），而意大利学生对应为 3 级（"可以选择和应用基本方法、工

---

[1] 创业知识围绕学校和工作来测量，共划分为五个具体维度：学校为学生提供的服务、在工作场所开展的职业实践、就业机会和限制、毕业后的就业机会、行业的社会和伦理角色。

[2] 创业技能包含项目工作、计划、解决问题、交流自己的想法、协商出解决办法、团队合作、自发组织学校和工作活动。

具、材料和信息来完成任务和解决问题")。此外，两个国家的学生们都认为这些技能对自身专业发展非常重要。

在习惯[①]方面，两组学生都认为对主动性和创业素养的态度有轻微变化。在工作结束时两组学生的觉知结果都为良好，并且都认为此维度对其职业生涯而言非常重要。

知识

表 6.3 详细描述了按照 EQF 评级，两组学生关于主动性和创业素养知识方面的不同。

横行分别描述了主动性和创业素养中知识维度的五种类型。纵列描述了澳大利亚和意大利按照 EQF 评级呈现的觉知水平。

总体而言，在报告中，澳大利亚学生在所有关于工作体验的知识方面获得了 EQF 4 级评级，而意大利学生只在"工作场所的专业实践"中获得了这个评级。

在"学校为学生提供的服务"方面，澳大利亚学生处于 EQF 2 级（基本事实）和 3 级（事实、原则、过程和基础概念）之间，而意大利学生为 EQF 3 级。在"工作场所的专业实践"中，两组学生 EQF 均为 4 级（广义的事实和理论）。关于"工作机会和限制"，澳大利亚组被评级为 EQF 4 级（广义的事实和理论），意大利组被评级为 3 级（事实、原则、过程和基础概念）。关于"毕业后合适的工作机会"，澳大利亚组被评级为 EQF 4 级（广义的事实和理论），意大利组被评级为 3 级（事实、原则、过程和基础概念）。关于"行业领域的社会和道德角色"，澳大利亚组被评级为 EQF 4 级（广义的事实和理论），意大利组被评级为 3 级（事实、原则、过程和基础概念）。

---

① 与主动性和创业素养相关的习惯有：自信、创造力、主动性、冒险、毅力、足智多谋和自我管理能力。

表 6.3 澳大利亚组和意大利组的比较：按照 EQF 评级，
学生在知识方面的觉知水平

主动性和创业素养	知识方面的觉知水平 EQF 评级	
	澳大利亚	意大利
1. 学校为学生提供的服务	EQF 2.5 在 2 级（基本事实）和 3 级（事实、原则、过程和基础概念）之间	EQF 3 事实、原则、过程和基础概念
2. 工作场所的专业实践	EQF 4 广义的事实和理论	EQF 4 广义的事实和理论
3. 工作机会和限制	EQF 4 广义的事实和理论	EQF 3 事实、原则、过程和基础概念
4. 毕业后合适的工作机会	EQF 4 广义的事实和理论	EQF 3 事实、原则、过程和基础概念
5. 行业领域的社会和道德角色	EQF 4 广义的事实和理论	EQF 3 事实、原则、过程和基础概念

资料来源：意大利组（$N=13$），澳大利亚组（$N=4$）。

技能

表 6.4 总结了按照 EQF 评级，两组学生关于主动性和创业素养技能方面的不同。

横行代表了与主动性和创业素养相关的七项技能。纵列呈现了澳大利亚和意大利两组学生通过 EQF 评级呈现出在技能方面的觉知水平。

总体而言，澳大利亚组提升了"按项目制工作"和"自发组织与学校和工作有关的活动"等方面的技能，两组学生都提升了"交流思想"和"团队合作"方面的技能。经过更仔细的分析，澳大利亚学生表示，他们可以"独立"进行项目工作（EQF 评为 4 级）。相反，意大利学生为"在指导下工作，但可以自己做一些决策"（EQF 评为 3 级）。关于"规划"方面，两个国家的样本都评级为 EQF 3 级：他们可以在指导下规划和做出决定。在"解决问题"方面，澳大利亚组处于 EQF 2 级——也就是说，他们需要在"密切指导下"解决问题。意大利组处于 EQF 3

级——他们可以"在指导下工作，但可以自己做一些决策"。在"交流
思想"方面，两组学生都处于 EQF 4 级，可以在"与他人互动并考虑
他们的想法"下解决具体问题。这两组学生在"协商对策"方面都处于
EQF 3 级——也就是说"应用基本方法解决问题"。在"团队合作"方
面，两组学生都处于 EQF 4 级，因为他们报告说已经积极参与了这些
活动。与主动性相关的最后一种技能是"自发组织与学校和工作有关的
活动"。澳大利亚组评级为 EQF 4 级，这说明他们可以独立完成。而意
大利组评为 EQF 3 级，这说明他们需要在指导下工作，但可以自己做
一些决策。

表 6.4　澳大利亚组和意大利组的比较：按照 EQF 评级，
学生在技能方面的觉知水平

主动性和创业素养	技能方面的觉知水平 EQF 评级	
	澳大利亚	意大利
1. 按项目制工作	EQF 4 独立完成	EQF 3 在指导下工作，但可以自己做一些决策
2. 规划	EQF 3 在指导下工作，但可以自己做一些决策	EQF 3 在指导下工作，但可以自己做一些决策
3. 解决问题	EQF 2 和导师一起做	EQF 3 在指导下工作，但可以自己做一些决策
4. 交流思想	EQF 4 解决特定的问题	EQF 4 解决特定的问题
5. 协商对策	EQF 3 用基本方法解决问题	EQF 3 用基本方法解决问题
6. 团队合作	EQF 4 积极参与	EQF 4 积极参与
7. 自发组织与学校和工作有关的活动	EQF 4 独立完成	EQF 3 在指导下工作，但可以自己做一些决策

资料来源：意大利组（$N=13$），澳大利亚组（$N=4$）。

习惯

表 6.5 总结了两组学生关于主动性和创业素养习惯方面的不同。

横行代表与主动性和创业素养相关的八个习惯。纵列代表澳大利亚和意大利的两组学生按照 EQF 评级可觉知的习惯水平。

总体而言，两组结果都是相似的，尽管澳大利亚学生认为自己更具有主动性和擅于自我管理，而意大利学生认为自己非常擅长冒险和坚持不懈。

由于按照 EQF 的描述，习惯很难被排序。为了看起来更加清楚明了，学生们被要求用四个等级来表示自身的觉知结果，分别为："没有""较差""良好""优秀"。

表 6.5　澳大利亚组和意大利组的比较：学生在习惯方面的觉知水平

主动性和创业素养	习惯方面的觉知水平	
	澳大利亚	意大利
1. 自信	良好	良好
2. 创造力	良好	良好
3. 主动性	优秀	良好
4. 冒险	良好	优秀
5. 毅力	良好	优秀
6. 足智多谋	良好	良好
7. 自我管理	介于"良好"与"优秀"之间	良好
8. 判断自己长处的反思能力	良好	良好

资料来源：意大利组（N=13），澳大利亚组（N=4）。

更具体地来看，例如自信、创造力等习惯，两组学生都觉知为"良好"。关于主动性这一习惯，澳大利亚学生自我觉知为"优秀"，意大利学生自我觉知为"良好"。关于冒险和毅力这两个习惯，意大利学生自我觉知为"优秀"，而澳大利亚学生被评级为"良好"。关于自我管理这一习惯，澳大利亚自我觉知得分在"良好"和"优秀"之间，意大利学生得分为"良好"。"对判断自己长处的反思能力"方面，两组学生结果均为"良好"。

开放式问题的答案

本节将针对在意大利和澳大利亚所搜集的五个开放式问题中的四个问题数据进行比较研究①。在两个国家的样本中，该问卷都分发给了研讨会中的每一位参与者：学生、教师和工作导师。这些答案对发掘主动性和创业素养对于参与者的意义以及参与者对于革新实验室和项目的整体体验都很重要。问卷由五个开放式问题组成。问题 1 要求参与者定义主动性和创业素养。之后的三个问题（问题 2、问题 3、问题 4）考察了革新实验室：问题 2 询问了参与者认为从参加研讨会中获得了什么；问题 3 和问题 4 涉及根据 SWOT 分析模型来分析革新实验室的优缺点。问题 5 也是最后一个问题是关于参与者将如何提升两个月的工作体验和每周研讨会的整体体验。针对每一个问题，参与者都有两行至四行的空间来写他们的回答，因此答案内容很丰富。

根据有关情境研究的理论（Zucchermaglio et al., 2013），我们对问题的答案进行了分析。答案被转写到一个表格中，被阅读多次，并在参与研究的关键人员和主管的帮助下进行解释。我们尝试使用的分类是对这两个场景都有效的共同分类。因此，尽管经过对数据和解释的多次阅读，创造出的分类仍然存在一定的任意性。由于较小的样本数量和所采用的情境研究分类，我们没有进行统计检验。本研究的目的并不是想发现可以应用到不同场景中的普遍规律以及可以应用到新的文化背景中而不被挑战的普遍规律。

值得注意的是，这些问题都是开放式的，每个参与者都可以用一个或多个句子来回答。因此，每个回答（或部分回答）都有可能被分为两

① 关于第五个问题，即如何改善体验，在两个背景下有所不同，因此它是根据背景分析的，本章没有进行描述。

个或两个以上的类别。因此，答案的总数大于被试者的总数。在后面的图表中，每个类别的答案都被转换成百分比，以便将澳大利亚和意大利的数据进行比较。下面是对问题1~4的比较，这些问题涉及：主动性和创业素养；参与者认为他们从参加研讨会中有何获益；革新实验室研讨会的优缺点。问题5是关于如何改进体验的情境分析和比较分析。

第一个问题：你认为"主动性和创业素养"意味着什么？

第一个问题问参与者什么是"主动性和创业素养"。根据答案的多样性，发现的类别主要为：能动性、投入、创造力、自主性、在工作场所、合作以及在任何地方。在澳大利亚，一名学生被问到"主动性和创业素养"时，给出了这样的答案："当你看到一些事情，会为之努力，并且在没有人告诉你应该如何去做的情况下你仍然会去做（如清理桌子）。"这个答案似乎强调了一些能力，例如能动性（发挥能量的能力）、投入和创造力。一位老师写道，这意味着"在学习时，拥有一定的自主性和可以承担更多的责任"。因此，这个答案可以被归类为能动性和自主性。另一名学生回忆了有关主动性和创业素养的定义，"将想法转化为行动：如果你看到需要做的事情，不需要问就去做"。例如，在意大利，一位工作导师写道，这意味着"能够以积极的态度为自己的工作承担责任"。因此，从中可以看出在工作场所中的投入。另一名学生写道："在企业内部发起某事，并为此承担责任。任何人都可以成为自己生活中的创业者。"这个回答指出，无论在工作场所还是在生活中，这种能力都是有用的。另一位老师将其描述为"主动解决问题并承担相应责任的能力"。最后一个答案同样强调了需要能动性以及投入（图6.1）。

条形图显示了两组的百分比，意大利组为深灰色，澳大利亚组为浅灰色。纵轴表示该类别的百分比。横轴表示按重要性顺序分组答案的类别：能动性、投入、创造力、自主性、在工作场所、合作、在任何地方。在条形图下面，读者可以找到与这些类别相对应的百分比。

总体而言，在这两个国家的数据中，"主动性和创业素养"涉及能动性和工作场所的自主性。在意大利组，有一个额外维度是投入。

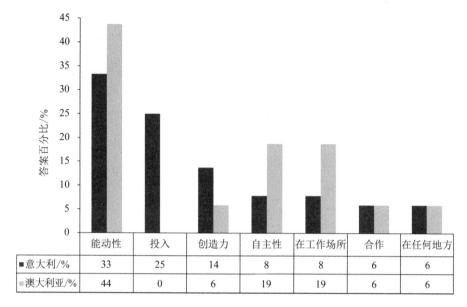

	能动性	投入	创造力	自主性	在工作场所	合作	在任何地方
■意大利/%	33	25	14	8	8	6	6
■澳大利亚/%	44	0	6	19	19	6	6

图 6.1　澳大利亚组和意大利组的对比图
第一个开放式问题：你认为"主动性和创业素养"意味着什么？
资料来源：意大利组（N=19），澳大利亚组（N=7）。答案已被归类。

在思考"主动性和创业素养"时，能动性是最重要的维度。这占意大利受访者答案的三分之一，占澳大利亚受访者近一半的比例。第二个维度与个人投入有关，只有意大利受访者回答，占到了四分之一。第三个维度包括创造力，在意大利受访者中更强（意大利组占到14%，而澳大利亚组只有6%）。

条形图右侧的四个类别涉及如何将第七项欧盟核心素养付诸行动。它主要通过在工作场所自主工作来实施。对澳大利亚受访者尤其如此："自主性"和"工作场所"百分比是意大利组的两倍（澳大利亚组为19%，而意大利组为8%）。然而，在这两个国家的数据中，该素养也与和他人合作有关（6%），它也是可迁移的（6%）。

第二个问题：你认为在革新实验室（即研讨会）中获得了什么？

这个问题问及参与者在这次研讨会获得了什么。从分析中得出了四类结论：更好的理解（例如工作体验）、改善了双方之间的沟通、改善了能动性和一无所获。澳大利亚组的一位老师回答说："我对研究目的有了更深入的理解，因为它可以在目前实施的过程中带来积极的改变。"这个答案强调了一种反思的态度，即"更好的理解"。澳大利亚组的一名学生说，她可以"得到更多的反馈。听到其他女孩和老师的意见，看到了交流是如何对我们产生影响的"。这个答案被认为是"改善了沟通"。意大利组的一位老师写道："获得了解学生们经历的机会——与他们谈论问题，欣赏他们的热情，建立在学校之外的关系。"这个答案强调了"改善了沟通"。意大利组的一名学生写道："通过积极参与，我尽力让自己的观点为大家所理解。"这似乎指出"改善了能动性"。

图 6.2 比较了澳大利亚组和意大利组的结果。

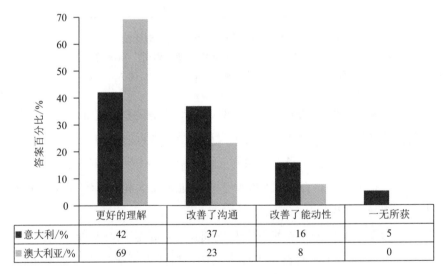

图 6.2　澳大利亚组和意大利组的对比图
第二个开放式问题：你认为在革新实验室（即研讨会）中获得了什么？
资料来源：意大利组（N=19），澳大利亚组（N=7）。答案已被归类。

与前面的条形图类似，横轴表示分组答案的四类（更好的理解、改善了沟通、改善了能动性和一无所获），而纵轴表示每个类别中答案的百分比。意大利组数据用深灰色条表示，澳大利亚组数据用浅灰色条表示。条形图下面的表格显示了每个类别的百分比。

总体而言，参加研讨会有助于更好地理解其他人的观点和工作体验，特别是对澳大利亚组。参与研讨会也改善了当事各方之间的沟通。

仔细分析，参与革新实验室首先可以更好地理解工作体验和其他各方的观点。澳大利亚组的答案都属于这一类（约70%），而意大利组的答案约为40%。参加研讨会的另一个好处是改善了不同各方之间的沟通，特别是对意大利组，近40%的答案都属于这一类。第三个好处是改善了能动性，特别是体现在以积极主动的态度陈述想法和参加会议方面。意大利组只有一名学生认为没有从研讨会获得什么。

第三个问题：你认为革新实验室的优势是什么？

第三个问题涉及革新实验室的优势。当利用革新实验室来进行小组工作时，在对数据的重读、解释和讨论过程中出现了差别。依据是贝尔斯的分析交互过程（Bales，1950）。贝尔斯对小组工作的分析中，划分了两种类型的领导力：任务导向型和社会情绪型。按照贝尔斯的观点，数据分析得出两种类型：第一种被称为"事实型"，因为它是具体的和实际的；第二种被称为"关系型"，目的是强调社会关系。澳大利亚组的一位教师提供了一个事实型优势的例子，他写道："优势在于所有相关各方的积极反馈：学生、教师和雇主。这个过程使所有利益相关者都可以提供重要的反馈，这些反馈在项目中实施可以提高质量。"意大利组的一位教师提供了一个关系型优势的例子："面对学校和工作场所之间的冲突，它建立起合作的态度。"

在图6.3中，条形图展示了按照事实/关系型优势分类后两组数据的分布，下方的表格显示了更详细的数据差别。

图中的横轴显示优势的类型，纵轴显示相应的百分比。意大利研讨会用深灰色表示，而澳大利亚研讨会用浅灰色表示。

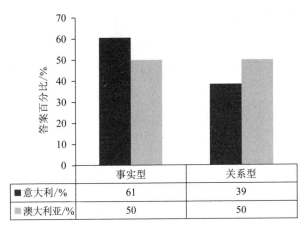

图 6.3 澳大利亚组和意大利组的对比图
第三个开放式问题：你认为革新实验室的优势是什么？
资料来源：意大利组（*N*=19），澳大利亚组（*N*=7）。答案已被归类。

总体而言，在两种情境下，答案几乎均匀分布，研讨会是具有事实型和关系型优势的。意大利组事实型的组成部分占近三分之二的回答；而在澳大利亚，它只占了回答的一半。相反，关系型的组成部分在意大利只有三分之一以上的回答，在澳大利亚有一半。

由于关于革新实验室优势的数据对本研究特别有价值，下一段将更详细地讨论这些结果。

就事实型优势而言，有四种类别：校企合作、各方积极反馈、改善课程计划和提高学生技能。校企合作的一个例子是"介绍与工作相关的内容"。各方积极反馈的一个例子可能是"当面获得更多的反馈而不被指责"。改善课程计划的一个例子是"提高下一年的培训质量（组织和材料）"。提高学生技能的一个例子是"学会学习知识，通过简单而小型的活动成为更好的学生"。

图 6.4 对比了意大利和澳大利亚革新实验室中的事实型优势。

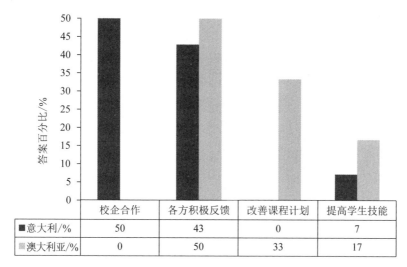

图6.4　澳大利亚组和意大利组的对比图　革新实验室的事实型优势

资料来源：意大利组（*N*=19），澳大利亚组（*N*=7）。答案已被归类。

总的来说，在两个国家的情况对比中，革新实验室最主要的事实型优势是接受各方积极反馈。在意大利，另一个优势是校企合作密切化，而在澳大利亚，另一个优势是帮助改善课程计划。

更详细地说，在意大利，革新实验室的主要优势（有一半的答案）是校企合作密切化。各方积极反馈在两个国家都很重要，分别占澳大利亚回答中的一半和意大利回答的近五成。在澳大利亚，另一个重要的事实型优势是改善课程计划，有三分之一的回答。在两个国家的数据中，最后一项内容都是提高学生技能。报告显示，澳大利亚的数据高于意大利（17% 对 7%）。

就关系型优势而言，在归类过程中出现了四类：合作解决问题、任何问题都可以讨论、提出自己的想法和任何人均可参与。合作解决问题的一个例子是，"可以作为一个团队而工作，学会如何与对方相处"；而对于任何问题都可以讨论的例子为，"个人可以谈论遇到的问题，讨论如何进行"；提出自己的想法的一个可能的例子是，"一个人可以提出［自己的］想法"；而任何人均可参与的例子为，"所有人都可以参与"。

图 6.5 描述了意大利组和澳大利亚组的关系型优势。

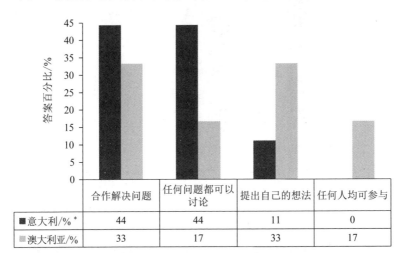

	合作解决问题	任何问题都可以讨论	提出自己的想法	任何人均可参与
■ 意大利/% *	44	44	11	0
■ 澳大利亚/%	33	17	33	17

图 6.5　澳大利亚组和意大利组的对比图　革新实验室的关系型优势

资料来源：意大利组（*N*=19），澳大利亚组（*N*=7）。答案已被归类。

* 各项相加为 99%，原文如此。——译者

　　总体而言，两个国家革新实验室的主要关系型优势是合作解决问题。在意大利，另一个重要的关系型优势是任何问题都可以讨论，而在澳大利亚，提出自己的想法被认为是有价值的。

　　两个国家的数据显示主要的关系型优势为合作解决问题，澳大利亚有三分之一的答案被归为此项，而意大利有近一半。近一半的意大利受访者认为任何问题都可以讨论是一个积极的方面，而此类别在澳大利亚的回答中只有不到五分之一。在两个国家的数据中，另一个优势是参与者可以提出他们自己的想法（澳大利亚占比 33%，意大利占比 11%）。最后一个优势只存在于澳大利亚组（有近五分之一的答案），即所有人都可以参加研讨会。

第四个问题：你认为革新实验室的不足是什么？

　　第四个问题调研了研讨会的不足。数据分析被归类为四种类型：组织、参与、没有不足（因为任何问题都可以讨论）、革新实验室的特点

问题。组织方面的不足可以由下面的例子看出，由一名澳大利亚学生提供："这个项目在学年中开始得太晚了；应该以月为单位，更连贯地举行会议；它不应该只是研究，而应该成为每个学生都能接触到的日常的一部分。"意大利组的一位工作导师所说的参与问题的例子是："不可能将这种体验扩大到所有的学生。"在谈到"没有不足，因为任何问题都可以讨论"这一类别时，澳大利亚组的一名学生写道："我没有看到任何不利因素。"另一名学生写道："这是好事情，没有弊端，因为我们能够交谈。"在"革新实验室的特点"方面，意大利组的一名学生写道："少谈关于未来工作体验的想法，或者只用一次会议来讨论这个问题。"还有一位澳大利亚的老师说："我看到的唯一弱点是当雇主对他们组织中的学生给予反馈的时候，学生们并不总是觉得这种反馈是公平的，因为雇主没有考虑到这样一个事实，即学生们发现去某些地点很艰难。由于并不总是有公共交通，学生们只能依靠父母来接送。这迫使一些学生只能跟随父母或靠着父母的允诺去工作，因此，在某些情况下，上班迟到是不可避免的。"这些评论将在图 6.6 中进一步详细讨论。

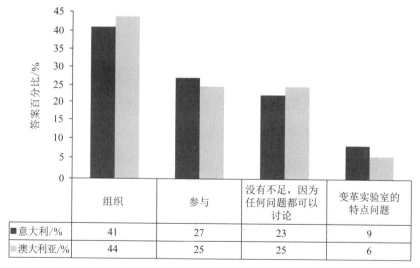

	组织	参与	没有不足，因为任何问题都可以讨论	变革实验室的特点问题
■意大利/%	41	27	23	9
■澳大利亚/%	44	25	25	6

图 6.6　澳大利亚组和意大利组的对比图
第四个开放式问题：你认为革新实验室的不足是什么？
资料来源：意大利组（N=19），澳大利亚组（N=7）。答案已被归类。

总而言之，在两个国家的革新实验室中，不足主要与组织和参与有关。然而，有一些参与者认为，得益于每个问题都可以在研讨会中讨论，因此没有任何问题。

在这两组数据中，根据 40% 以上的回答，研讨会的主要不足与组织有关。[①] 在意大利，主要的问题是参与项目的班级中教师在继续上课，而参与研究的学生还需要进行工作体验。为了避免这种重叠，意大利的参与者建议将工作体验和研讨会推迟到学年的另一个时期，也可以放在学校假期中。在澳大利亚，参与者认为会议的数量是不够的。出于这个原因，她们建议在整个学年中更连贯地组织研讨会。此外，受访者还建议，研讨会不应仅仅作为研究试点来举办，而应提供给每个愿意参加的学生。

会议的第二个不足与参与有关。只有少数学生可以参加会议（两组数据中都有四分之一的回答）。并非所有的学生都积极参加会议，而且学生发言时也有可能被误解。然而，两组数据中都有四分之一左右的答案表明没有什么不足，因为任何问题都可以在研讨会上讨论。

最后一类不足（在意大利占 9%，在澳大利亚占 6%）被归类为革新实验室工具箱的特点，观点如下：这些反馈可能是不恰当的，如"不符合事实"或过于严厉（如澳大利亚教师的答案）；它不可能实施新的活动模式，从而完成拓展性学习的循环；以及对一些问题给予了过多的篇幅（如意大利学生所说的学校里未来的工作体验）。而其他问题，也许对学生来说更有说服力，但却被忽视了。

第五个问题：你将如何改善这次体验？

第五个问题和之前的问题都略有不同，因此采取对答案分别打分的方式。许多答案在一定程度上解决了第四个问题中出现的革新实验室的不足。

表 6.6 展示了意大利参与者的答案。

---

① 分类很难被定义，在意大利，组织问题包括革新实验室和工作体验，而在澳大利亚，组织问题只与研讨会有关。

表6.6　关于如何改进意大利整个项目（工作体验和革新实验室）的
开放式问题的回答人数

单位：人

5）你将如何改进你学校的工作体验？		工作导师	教师	学生	合计
时间	缩短工作体验 （从两个月缩短为一个半月）	1	1	5	7
	把它移到一年中的另一个时期 （学年末）	1	1	3	5
	每周工作日工作，每周六去学校			1	1
					13
谁来 参与	扩大到所有的学生（一个月时间）		1	3	4
	只针对表现最好的学生		2	3	5
	更多的老师参与		1		1
					10
规划	更好地组织 （内容、通话和面向家长的信息日）	1		3	4
	只针对私人雇主			2	2
	更多地参观建筑工地	1		2	3
					9

资料来源：意大利组（*N*=19）。答案已被归类。

　　意大利组的回答被分为三大类，并且所有的建议都是针对项目组织的：他们强调了时间，谁来参与，以及如何更好地组织研讨会等方面。因为教学和工作体验的重叠是学生们担心的主要原因，所以在这三类建议中，大多数的改进都涉及时间，这并不奇怪：缩短工作体验的时间；把它移到一年中的另一个时期；每周工作日工作，每周六去学校，以便补上部分课程。第二类是关于谁来参与的建议。有趣的是，它是两极分化的：有些人认为这种体验应该缩短到一个月，并且应该"民主化"，即扩大到所有的学生；而其他人则认为应该保留给表现最好的学生。另一个建议是让更多的老师参与到这个项目中来，这样可以让所有的老师都能意识到它的重要性。第三组改进涉及规划。学生们建议提前了解这个项目，而不是仅仅在实施的几天前。他们还建议有更多的信息日，以及只使用私人雇主，这样学生在毕业后会有更多机会被同一公司雇用。学生们还建议在工作体验结束后参观建筑工地，检查工作的完成情况。

表 6.7 展示了澳大利亚参与者提供的答案。

表 6.7　关于如何改进儿童保育三级证书的开放式问题的回答人数

单位：人

5）你将如何改进儿童保育三级证书？		教师	学生	合计
维度				
课堂	全年由同一教师授课	1	3	4
	根据学生的学习风格进行个性化教学		1	1
	改善课堂环境，不鼓励形成小团体		1	1
				6
注册培训机构	为学生提供更多支持	2	2	4
工作场所	与雇主进行更密切的合作	2	2	4
不必改进，我喜欢它提供的方式				1

资料来源：澳大利亚组（N=7）。答案已被归类。

总体而言，这些改进要求在课堂、注册培训机构和工作场所之间进行更多的合作。

在澳大利亚，第五个也是最后一个问题是关于如何改进儿童保育职业课程的建议。在澳大利亚，改进也是针对组织方面的，并呼吁在课堂、注册培训机构和工作场所之间进行更多的合作。这些答案被分为三大类：课堂环境、注册培训机构以及学校与工作场所之间的合作。第一类建议改进课堂教学，如全年由同一教师授课；根据学生的学习风格进行个性化教学；改善课堂环境，不鼓励形成小团体。第二类针对注册培训机构内部的改进，并呼吁为学生提供更多支持。第三类建议改进工作场所，要求与雇主进行更密切的合作。

因此，在两种情境中，答案都呼吁对项目进行更好的组织，包括两个方面：时间和学生人数。研讨会应该从"一次性体验"转变为学校和工作之间的稳定形式，并且整个学年都允许学生有参加工作的体验。这种新的管理形式将旨在改善学校和工作之间的联系。第二个方面是应该有更多的学生、教师和工作导师参与到这个项目中。

由学生们制作的导图

意大利组：你认为主动性是什么（学生视角）？

这是 9 月 27 日由 13 名学生组成的小组制作的海报。在那次会议上，有几个学生抱怨他们的工作导师，显然他已经缺席了好几天，让学生们无事可做。在研讨会上，大家一致认为学生们应该在工作场所表现出主动性，并主动询问导师或他的同事，自己可以帮助他们做些什么。然后，小组讨论了如何在工作场所表现出主动性。在会议结束时，学生们被要求对讨论的结果进行总结。学生们制作了图 6.7 所示的导图，其中他们将主动性解释为在工作场所实施行动的能力。

在导图的顶部，学生们写下了"小组工作"和日期。主要概念（propositività，译为主动性）在图的中心，字体为蓝色（较大的字体），红色箭头（上面三个，中间五个，下面有一个）将其与九个相关概念（蓝色）连接起来。从左上角按顺时针顺序，与主概念相连的九个概念分别是：与对事情的兴趣成正比（①）；能够自主地建立和达到目标（②）；取决于个性和环境（③）；能够承担责任（④）；提出问题（⑤）；工作导师必须是激励人心的和积极向上的（⑥）；有一个开放的心态（⑦）（在方框内）；乐观（⑧）；当遇到问题时，准备好解决问题的提议（⑨）。

图 6.7　学生们制作的主动性导图

资料来源：意大利组（*N*=13）。

根据意大利学生的说法，一个人表现出主动性的能力与一个人对该问题的兴趣成正比。因此，重要的是学生们必须向他们的导师提出问题，并认真倾听，从而拥有一个"吸收的头脑"。这个词最早是由一位工作导师使用的，强调了学生愿意从工作场所的体验中学习，而不是由工作导师告诉他们该怎么做。在同一次会议上，有人提出，这种愿意状态是由学校培养的，它提供了学习的基础，雇主可以在此基础上设定特定工作环境中所需要的能力。此外，表现出主动性的能力与承担责任和乐观的态度有关，这两点对刚进入一个企业来说是必要的。学生还应该能够在相对自主的情况下制定和实现目标。准备好提议的意思是，当遇到问题时，学生向其导师提出一些可能的解决方案，而不是去找他或她，只是问"我有一个问题，我能做什么"。这条意见是由一位工作导师提供的，并立即被学生们采纳了。

另外三个箭头似乎与激发主动性的背景变量有关。其中之一可能是学生的个性——因为他或她可能是害羞的。另一个变量是环境，它可能激发或阻碍主动性。因此，重要的是，导师要发挥自己的作用，使学生感到舒适，例如通过鼓励的方式。图 6.7 中没有提到在课堂上表现出主动性。根据恩格斯托姆三角模型（Engestrom，1987），这个导图也可以从学生的视角去看待活动系统：规则、共同体（特别是导师和学生）和分工。

意大利："理想的工作体验"

图 6.8 和图 6.9 显示了学生们在 10 月 18 日举行的倒数第二个研讨会上制作的两幅导图。在讨论了下一年度如何改善学校的工作体验后，学生们要制作一张海报，主题是"理想的工作体验"（在意大利语中，工作体验这个词"stage"的发音与法语相同）。这一次，学生们被要求分为两组工作（即 A 组和 B 组），以便每个学生都能对作品做出个人贡献。

图 6.8 是 A 组学生制作的第一个导图。

导图的标题在页面的顶部，并且被框了起来。唯一使用的颜色是蓝色。与之前的海报类似，八个箭头将主要概念——完美的工作体验——与其他概念连接起来。从左上角到左下角分别是：多样化的工作（①）、参与意愿（②）、在 8 月中旬开始工作体验（③）、自主开展项目（④）。右边的概念是（从上往下）：与导师建立良好的关系（⑤）、持续时间为 4~6 周（⑥）、不同的工作场所（⑦）、从开始到结束都是同一个项目（⑧）。

理想的工作体验

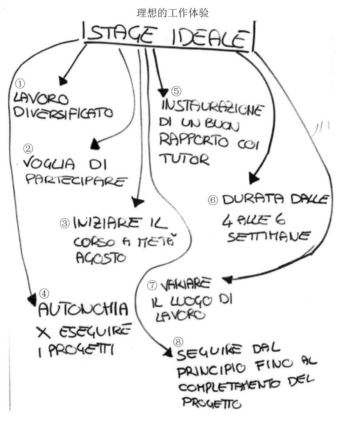

图 6.8　第一组学生制作的理想工作体验导图
资料来源：意大利组（*N*=7）。

　　项目工作中的八个概念被提及了四个，并且似乎是图 6.8 中最重要的主题。学生们说，项目应该是自主进行的，并且从开始到结束都要长期跟进。理想的工作体验应该为他们提供不同的项目和各种工作环境。在此，学生们强调需要对他们专业的相关问题有一个整体的认识。为了避免学校和工作之间的重叠问题，"理想的工作体验"应该在假期结束前，即 8 月中旬开始，并持续 4~6 周。学生们认为工作体验的另外两个方面也很重要，一个与他们的态度有关的，另一个是关系问题。他们必须愿意参加工作活动，而且他们与导师的关系是最重要的。

　　项目工作的自主性、与工作导师的教育关系、参与的意愿、学生的参与度是这个导图的中心主题，这些与关于如何在工作场所发起的导图有共同之处。主题的共性表明，学生们认为主动性素养与工作场所之间有着密切的关系。

图 6.9 是 B 组制作的导图。

图 6.9　第二组学生制作的理想工作体验导图

资料来源：意大利组（$N=7$）。

总之，这张海报说明了工作体验的目标、持续时间和开始时间，以及在工作期间要开展的活动。

"工作体验模式"（①）作为标题和主要概念，被框在图的顶部中央，使用的颜色是黑色。在右上角，年级用"VB"表示，该小组将自己命名为"公司"（②）。有三个主要分支与标题相联系（从左边开始）：目标（③）、时间（④）和任务（⑤）。有些词用小写，有些用大写，有些用下画线，显示概念的层次性。在图的左边部分，目标被分为五部分：建筑工地的技术能力（⑥）；工作领域的知识（⑦）；了解测量是否适合学生（⑧）；对毕业后是否继续学习提供建议（⑨）；以及（理解）每个技术人员在公司内的具体职责（⑩）。在图 6.9 的中间部分：

时期（下画线）表示为四年级结束，五年级开始（⑪）；持续时间（下画线，⑫）为45天，从8月底到10月初（⑬）。在图的右侧，从"任务"（大写）一词中分解为两个箭头。左边表示的是"在建筑工地"（下画线，⑭）、"授权访问"（⑮）。右边的一个箭头是"在企业或设计工作室"（下画线，⑯）。接着再延伸出三个箭头，分别为"计算"（⑰）、"AUTOCAD图纸或项目"（⑱）和"估算"（⑲）。

澳大利亚：完美教师

这张海报是在2012年8月14日制作的。前任课程教师已经开始休产假，新老师刚来，但预计两周后又会离开。学生们对这种频繁的更换感到很沮丧。在生涯指导教师的鼓励下，他们制作了一张海报，上面写着他们希望新老师能体现的特点。当时，学生们已经在这两个活动系统中待了七个月。事实上，他们比新老师更了解这两个系统的规则、分工和工具。我们的目的是要与新老师分享这些知识。这项工作从一次头脑风暴开始，最后制作了如图6.10所示的导图，并在接下来的研讨会上向新来的教师展示。

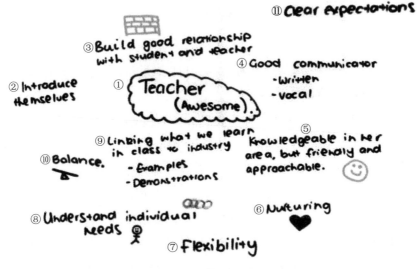

图6.10   学生在第五次研讨会上制作的完美教师导图
资料来源：澳大利亚组（*N*=5）。

学生们大多使用棕色记号笔，用黄色、红色和紫色的小符号来强化主要概念。图 6.10 中央代表（"卓越的"）教师（①），周边的文本框代表其主要特征：自我介绍（②）；建立良好的师生关系（③）；善于沟通（包括书面和口头）（④）；在其领域内知识丰富并且平易近人（笑脸）（⑤）；关怀备至（心形）（⑥）；灵活（⑦）并理解个人需求（人物图形）（⑧）；用示范和实例将行业和课堂联系起来（⑨），做好平衡（⑩）并有明确的期望（⑪）。最后这些描述是用紫色表示的，是学生们在听取和讨论了保育中心主任的访谈后添加的。

澳大利亚：共同期望

这个导图是由学生们在 2012 年 8 月 21 日制作的。学生们感到不安，因为保育中心主任误认为她们缺乏就业技能。在她们看来，她无权这样要求她们。在生涯指导教师的再次鼓励下，学生们画出了图 6.11 所示的导图。

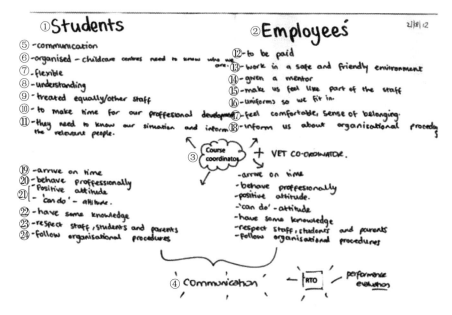

图 6.11 学生在第六次研讨会上制作的关于共同期望的导图

资料来源：澳大利亚组（N=6）。

这项工作的目的是弄清楚各方的期望和职责。女孩们关心的主要问题是她们在工作场所的角色是学生还是雇员。总体而言，女孩们的角色更加清晰了——要么她们被视为学生（左边，①），要么被视为雇员（右边，②）。她们的期望被列在导图的顶部，而她们的职责则在底部。课程协调员（③）在导图的中心位置。课程协调员应该负责学生、工作场所和注册培训机构之间的沟通（④）。尽管被当作学生或雇员她们的期望是不同的，但最终职责是相同的。

从导图的左上方看，这群年轻人认为学生对工作场所的期望是：沟通（⑤）；组织（保育中心需要知道谁是学生将要看护的人）（⑥）；灵活性（⑦）；以及理解（⑧）。学生们还希望得到其他工作人员的平等对待（⑨），他们也必须为学生们的职业发展投入一些时间（⑩），需要了解学生的情况，并使相关人员知情（⑪）。

在女孩们作为雇员的角色中，她们对工作场所的期望是：获得报酬（⑫）并得到导师的指导（⑭）；在安全和友好的环境中工作（⑬）；有工作服（⑯）；感到舒适（⑰），使她们有归属感（⑮）；以及熟悉组织程序（⑱）。

女孩们的职责是：按时到达（⑲）；表现专业（⑳）；有积极的"可以做"的态度（㉑）；知识渊博（㉒）；尊重其他工作人员、学生和家长（㉓）；并遵守组织程序（㉔）。最终，无论女孩们把自己看作学生还是雇员，工作职责都是一样的。

关于结果的讨论

根据恩格斯托姆三角模型对导图进行比较和综合

意大利各组学生关于理想工作体验的导图有相似之处，也有不同之处。两者都再现了研讨会期间的大部分讨论。工作体验的长度和时间似乎也是共同关心的问题。在这两张导图中，学生们都没有提出谁应该有资格参加工作体验，即一个班级的所有学生还是只有部分学生有资格，或者准入的标准是什么。关于差异性，可以说这两张导图是互补的，因为一张导图从个人的角度看学习，而第二张导图则将其视为一个参与过程。第一张图描绘了一个积极的学生，他在与工作导师的教育关系中学习如何进行项目工作。第二张图强调了参与工作活动的学习结果，并指出了学生在工作体验中的目标、工具和对分工的理解。第一张图更注重工作体验的过程，而第二张图则注重工作体验的结果。

　　意大利第一张关于完美工作体验的导图与之前关于如何在工作场所表现出主动性的导图非常相似，显示了主动性和创业素养与工作场所之间的密切关系。意大利第二张关于工作体验的导图集中在工作体验中应获得的技能和知识。在这两张图中，工作体验的长度和时间是学生们共同关心的问题。由此可见，这两张图都把工作体验作为一种工具。为了促进学习，它必须遵循学生所描述的某些规则。

　　学生们制作的导图也可以从恩格斯托姆三角模型（Engestrom，1987，p. 87）的视角来看。举例来说，由澳大利亚学生所制作的完美教师导图从教师的角度展示了学校活动系统——正如学生们希望她做到的那样。图中有一些关于恩格斯托姆三角模型的标志：口头沟通和言语沟通；工具：将行业和班级联系起来；规则：自我介绍、建立良好的人际关系；分工：明确的期望；共同体：培养和理解个人需求。触发拓展性学习微循环的矛盾是次要的（系统各要素之间，见 Engestrom，1996），这种矛盾主要体现在教师作为稳定的共同体成员要明确规则和进行"公平"分工。此外，根据恩格斯托姆三角模型（Engestrom，1987）分析共同期望导图的结构，让人想起工作活动的主体是学生。规则、共同体和分工被详细地介绍。例如，在共同体中，可以看到活动系统的各方代表：学生、工作人员（同事、导师，没有提到指导者）、儿童和家长。

　　在第一次会议期间，所有小组都了解了恩格斯托姆三角模型（Engestrom，1987，p. 87），这对讨论和解决所争论的内容有调解作用，在澳大利亚尤其如此。在会议上，对三角模型的各个方面（例如分工）进行了辩论。澳大利亚的导图是针对学生所面临的问题和改变现实的需要而制定的。为了让自己的声音被听到，学生们制作了导图，向新任教师和注册培训机构协调员展示。这些事件可以被看作拓展性学习的微循环，潜在地拓展了学习。同样的事件也可以被看作一种将想法转化为实践的过程，因此也激发了主动性和创业素养。在意大利，学生们受到鼓励制作导图，这也可以被看作将想法转化为实践。在"如何在工作场所主动"的导图中，需要展示如何在工作场所将主动性和创业素养转化为实践。在"完美的工作体验"的导图上，需要展示如何在学校提升工作体验。

创业教育中触发事件的角色

在革新实验室研讨会期间，考虑到触发事件的角色，研究人员在澳大利亚和意大利收集并展示了许多镜面材料，以便于促进拓展性学习的活动。在研讨会期间，澳大利亚最显著的问题是教师的频繁变换和保育中心主任对工作中的学生进行的批评。在两种情境中，这些事件引发了讨论，促进了想法的产生和解决方案的提出。在第二个案例中，研究者向参与者展示了一段收集到的视频，并概述该问题是学校和工作场所之间在学生的职责方面缺乏沟通造成的。在第一个案例中，问题是由学生们自发提出的。这两个问题都是学校和工作场所之间难以互动的解释性例子。这也是因为这个课程是第一年开设的，需要改进。革新实验室研讨会产生的其中一个结果是促进了下一学年课程更好地组织。在意大利，触发事件是一群被扔在办公室好几天的学生。参与者们让学生们设想出一个最佳的工作体验方案，避免当时发生的诸多问题。其中一个潜在的问题是，两个班级中只有少数学生被选中参加工作体验，而班级中的其他学生则继续参与正常的课堂教学。在研讨会上被多次提出的另外一个问题是学生们同时属于两个不同的组织。同样，这也是澳大利亚的一个问题，活动处于学校和工作之间的边界。尽管学生们无法为自己找到一个解决方案，但她们设想了一个最佳的方案，即在暑假期间进行，并持续较短时间。这两个触发事件都没有以镜面材料的形式呈现。在意大利和澳大利亚两种背景下，触发事件对于调动学生的主动性和创业素养是毋庸置疑的，因为这些问题是由学生自发提出的。解决问题的第一步是提出一个要讨论的问题，这也可以被视为主动性和创业素养的体现。在研讨会期间，必须使学生们感受到一种支持性的氛围，以便他们可以提出对自身而言重要的问题。

关于由触发事件引起的学习过程，所有的导图似乎都收集了参会者在会议期间分享的共同想法。因此，它们可以被看作集体概念形成的结果。这也是从抽象到具体纵向转变的过程。通常由集体产生一个概念，然后用更多的实际想法来丰富。集体概念也是基于横向的转变，因为它们捕捉到了不同行为者和角色的不同观点。例如，在意大利学生制作的关于工作场所主动性的导图中，根据由集体概念形成的拓展性学习理论，可以确定纵向和横向的转变（Engestorm & Sannino，2010）。最核心的概念是如何主动。例如"提出问题"就是向具体性的纵向转变。横向转变的一个可能的例子是，"当遇到问题时，向他们的导师提出一个可能的解决方案"，因为这个想法是由一位工作导师首先提出的，代表了他的观点，然后小组其他成员接受了这个观点。恩格斯托姆等学者（Engestrom et al.，1996）认为，集体概念的形成先于行动。如果是这样的话，可以说意大利关于如何在工作场所表现出主动性的导图被学生们在各自的工作场所变成了行动，帮助他们表现出创业者的行为：提出问题、更有主动性、有一个"可以做"的态度等。在澳大利亚这些导图同样是集体概念形成于行动之前的产物：在完美教师和相互期望的案例中，学生们向注册培训机构课程协调员以及学校的职业教育和培训协调员展示了她们的讨论成果，以便她们的需要能够被考虑到。

在边界处的学习过程

对于拓展性学习过程和导图之间联系的思考，可以根据阿克尔曼和巴克（Akkerman & Bakker，2011）的分类，从学习过程进行深入分析。在这项研究中，我们发现两个最高级的过程可以在边界处找到，即反思过程和转化过程。尽管只有转化过程可以作为主动性和创业素养的例子，即把想法转化为了行动，但如果反思的对象是主动性和创业素养，反思过程也可以与主动性和创业素养相联系。阿克尔曼和巴克

（Akkerman & Bakker，2011）所描述的反思性学习机制可以在导图中看到，即观点提出和观点采择。前者清晰地说明一个人对某一特定问题的理解和认识。互补的机制是：从不同角度看问题是采取新观点的一个方式。阿克尔曼和巴克（Akkerman & Bakker，2011）认为这两个反思过程在本质上都具有对话性和创造性。在意大利组关于工作场所主动性的导图中，学生思考了如何在工作场所表现出主动性，这个导图代表了他们在日常实践中萌生的关于主动性和创业素养的想法。在澳大利亚的完美教师导图中，学生们清楚地表达了对完美教师的看法，而在第二张导图中，她们必须考虑到雇主的观点。值得注意的是，在关于共同期望的导图中，生涯指导教师要求女孩们转换角度。由于这里的触发事件是学生被认为缺乏就业技能，学生可以反思如何在工作场所表现出这些技能，例如，秉持"可以做"的态度和积极的态度，按时到达，表现专业，遵循组织程序，接受知识丰富的导师的指导。这对本研究特别重要，因为就业技能是创业教育的第一层学习结果（Kozlinska，2012）。对于意大利和澳大利亚的教育环境而言，这种针对工作场所的主动性和创业素养、就业技能以及如何在工作场所最大限度地学习的集中反思，是通过拓展性学习和革新实验室研讨会进行创业教育的另一个重要成果。

阿克尔曼和巴克（Akkerman & Bakker，2011）所描述的最后一种学习机制为：实践的转变蕴含着新实践的结晶。创造一个新的实践是一回事，而将其蕴含在"常规业务"之中又是另一回事。事实上，教育项目的可持续性问题应该在研究中得到认真考虑（Cole，1998）。不仅在学校内部改变实践具有挑战性，而且年复一年地维持这些做法也很困难。风险在于，一旦项目的焦点被移开或研究者离开学校，情况就会回到以前的状态，即文化在边界实践中的欠发达状态。在澳大利亚，研讨会似乎使边界实践发生了一些变化，因此，学习机制在某种程度上是具有转化性的。然而，如果没有跟进的会议，这些变化就不可能稳定下来。在边界处学习显然已经有了实质性的进展，至少在边界处实践的反思和尝试性的转化可以反映出来。

联想到意大利部分的研究，当向学生们介绍革新实验室时，一方面希望学生进行长期的工作体验，另一方面希望更好地连接学校和工作场所的学习。在开展研究两年后，这个结果已经实现了。整个四年级的学生都可以参与到长期的工作体验和跨边界的研讨会之中。学生们在革新实验室研讨会中讨论出来的一些调整，以及在理想的工作体验导图中所总结出的一些变革，例如一年之中的参与时长和时期等，均被采纳了。如果长期工作体验和革新实验室研讨会的做法被进一步巩固，在下一个学年中面向其他班级被再次实施，那么我们可以看到这种形成性的干预措施确实具备拓展性。意大利关于理想工作体验的导图表明新的工作体验模式可以从"一次性体验"稳定为可以多年来重复实施的实践，这些导图代表了边界上的转化学习过程。一个新实践的稳定化是边界转化过程的最高级的形式（Akkerman & Bakker，2011）。要做到这一点，这两位学者建议需要在边界处持续开展联合工作。在这种情况下，2014年，在上述研讨会实施的两年后，新的革新实验室研讨会正试图稳定长期工作经验的实践，并解决边界处的新问题。

从本质上讲，这种在学校和工作场所之间的研讨会旨在将学校和工作的两种现实联系起来，并为两者之间的过渡提供便利。在以快速变化为特征的全球化社会里，连接模式似乎提供了一种适当的教学方法，使学生为自己的工作生涯做好准备，并使其在任何事情上都具有创业者精神（Stenstrom & Tynjala，2009）。连接模式的目标是在任何层面上创造密切的关系和学习环境：在机构之间，例如教育机构和劳动力市场；在行动者之间，例如利益相关者、学生、教师和劳动者；在学习类型之间，例如基于学校的学习和基于工作的学习。连接不同的机构、人员和学习环境是实现终身学习的一种手段。此外，在不同层面的连接为各种类型的转变和新的学习形式创造了可能性。这样一来，学生们不仅学会了如何应对变化，而且学会了如何将问题转化为自身和共同体的机会和行动。

多项选择题

通过比较多项选择题的结果，可以提出一些假设。多项选择题的结果表明，澳大利亚组评级为 EQF 4 级，而意大利组只达到了 3 级。

尽管由于范围较小，澳大利亚的样本可能不具有代表性，但这些结果似乎是与直觉相反的。在意大利，职业培训通常有两种类型，分别是专业培训和技术培训，而且技术培训被认为是高质量的和十分具体的（Polesel，2006）。意大利学校证书的预期学习结果为 EQF 3 级专业文凭（由专业机构提供），而 EQF 4 级通常为技术文凭（由技术学院提供）（ISFOL，2012）。澳大利亚的学生们在学年结束时填写了调查问卷，也就是研讨会结束后的四个月，即三级证书课程完成的时候。这意味着他们被期望达到 EQF 3 级水平，这将与专业机构颁发的意大利文凭相媲美。与此相对，参与研究的意大利学生刚刚开始他们的第五年技术文凭之路。因此，按照求学的轨迹，意大利的学生应该更接近 EQF 4 级的预期水平。

参与该项目的澳大利亚组学生年龄是 16~18 岁。而意大利组学生的年龄是 18 岁或 19 岁。在意大利，技术科目从第三年开始教授。这意味着学生们在开始学习与他们未来职业相关的科目时，五年级的学生已经学习了四年。相比之下，三级证书的课程只有一年，并且没有任何的入学要求①。在参与观察期间，可以看出意大利学生比澳大利亚学生在技术课程上有更多的理论知识。举例来说，在四年级时，意大利参与者每周有 19 小时的技术课程，但澳大利亚学生每周只有 6 小时的课程。在参与观察期间，意大利研究者会查看学生们的时间表：在一周内——从周一至周六，学生们平均每天的技术课占到五分之三。

意大利组和澳大利亚组 EQF 测量等级和期待不同的一个可能的解释是源于工作体验的不同类型以及整块的工作体验与一周一天的区别。然而总体工作时间大体上是相同的（40 天）。此外，许多澳大利亚工作导师发现一周一天是不足以深入开展工作活动的，并且不利于工作体验的持续性。相反，整块的工作体验在意大利非常有效：学生们完全沉浸其中并且可以实实在在地感受到他们在进行着工作体验。

---

① 这也在澳大利亚革新实验室研讨会中作为问题被提出。必须有一些前期的工作经验，才能进入下一年的课程。

另一个可能性大概是相比于儿童保育的职业课程，建筑测量员这个职业需要更多的时间去学习。一位测量员必须完成的任务和内容比一个和儿童一起工作的人要多得多。建筑工地、办公室和测量实践之间的差异比幼儿园之间的差异更大。此外，相比于儿童保育助手的任务，建筑测量员必须完成的任务范围更广：设计蓝图、检查工作状态、进行测量以及做结构化的计算。因此，测量作为一个职业需要更多的时间去学习，更高层次的自主性（EQF 根据自主性来定义素养）需要更多的时间来获得。

由于 EQF 模型衡量的是学习结果而不是获得这些结果所需要的时间，EQF 模型考虑到了许多在不同环境下和不同职业中需要更多时间获得的素养。问卷测量的是相同的素养，这一事实不应被认为与 EQF 模型相矛盾。幼儿园所需要的技能，例如团队合作、项目工作和规划，与工地上需要学习的技能是不同的。当前的研究承认素养是取决于环境的：“解决一个电工的问题（例如计算一条电缆上有多少电源点）和解决一个护士的问题（例如确保病人服药）是完全不同的。”（Wheelahan & Moodie，2011，p. 8）并不存在不同环境中都可以很容易付诸行动的基础能力。这与本研究所应用的跨边界学习中能力的情境和分布模式是一脉相承的。

关于学生们所觉知的技能水平，在两种教育环境下，学生们学习了如何在团队里工作和交流他们的新想法，这两项被评级为 EQF 4 级。这可能是因为革新实验室研讨会是一个基于交流的合作环境。未来的研究需要去支持这个假设，并且去分析什么类型的知识、技能和习惯得到了革新实验室研讨会的支持。

开放式问题的答案

关于开放式问题，首先是检验了主动性和创业素养的含义。在两个教育背景下，学生们做的导图使这个问题的答案变得丰富。在意大利，学生们解释了这项素养如何在工作场所迁移，举例来说，当一个问题出现时，要带着自己的解决方案去咨询导师。澳大利亚组的共同期望导图描述了就业技能，是主动性和创业素养含义的另一个方面。导图中的许多方面与第一个问题的答案有关，正如前文所描述的那样。这表明在大家头脑中形成了一个智慧的共享概念，关于主动性和创业素养以及如何在工作场所付诸行动。这项素养的个人维度和集体维度紧密连接。

关于第一个开放式问题，能动性是最重要的维度。投入维度在意大利组也是很重要的，这是有原因的，因为创业需要个人的投入。主动性和创业素养的另外两个显著特点产生于第一个问题。第一，当调动这项素养时，自主性是必要的。为了主动采取行动，一个学生必须知道要做什么以及在特殊的情境下如何去做，这样他或她将不必去问并且可以自主行动。自主性的维度对于学生来讲是很重要的，学校应该在教授创业课程时让学生去学习自主性（Van Gelderen，2012）。

其次，工作场所是可以调动主动性和创业素养的场所，在导图中也有体现。按项目制工作、表现主动性以及解决问题等技能都是在公司中锻炼的而不是在课堂中学到的，因为课堂往往被认为是充满压力的。事实上，意大利经济主要是由中小型企业支持的，这似乎广泛利用了与创业相关的技能：与来自不同组织的专业人员网络进行团队合作、按项目制工作和解决问题。这种操作模式使人联想到新的工作形式，例如第二章描述的共同配置（Engestrom，2004a）和打结（Engestrom，2008a，2008b）。

许多回答都表明主动性和创业素养与和他人合作解决问题有联系，而且这也直接关系到革新实验室研讨会。无论如何，虽然创业是商业世界的特征，但是主动性也可以与学生生命中的所有时刻有关。这意味着，参与者可以开始从终身学习的视角去看待这项素养。

第二个开放式问题的答案即对比参加会议的收获，同样揭示了有趣的现象。参与者们需要良好的理解力，这会引发一种集体反思维度，也是研讨会的主要收获。另一种收获是改善了各方的沟通，因此可以更好地理解他人的观点。第三个重要的收获是改善了能动性。通过联系第一个和第二个问题，可以知道：革新实验室研讨会提升了参与者的意识并增强了他们对主动性和创业素养的理解，进而有助于他们在工作场所将其付诸实践。

第三个问题是革新实验室的优势，得出了两个教育环境中在事实型优势和关系型优势之间的平衡。革新实验室在解决小组面临的问题和改善各方的沟通时都非常合适。通过镜面材料所提供的积极反馈和各方的到场，参与者能够更好地理解他人的观点。这有助于参与者找到一个共同的解决措施，改进小组之间的关系。革新实验室可以适应环境及问题的灵活性显然是一个事实型优势。对意大利组而言，促进了校企合作，而对澳大利亚组而言，则改善了课程项目。

第四个问题是革新实验室的不足。通过两种环境中召开的研讨会的比较分析，组织问题是主要的不足。根据参与者的观点，问题并不在革新实验室本身，而是举办时间应该在一个学年中被平均分配。

另一个不足在于参与方面。由于革新实验室关乎集体性的社会变化，因此应该让更多的人参与进来，例如应该让来自同一班级的全体学生都参加。学校的管理者在可以的情况下都应该被邀请参加会议，这样如果新的跨边界模型产生时，他们可以帮助将新模型付诸实践。邀请课程的所有老师（或至少要让他们知情）参与也是一个关乎转化效果的重要因素。没有他们的合作，变革可能会更加困难，正如本研究中意大利部分所述的那样。

学生们还建议，这些研讨会不应该只以研究为目的，而应该对学校的每一名学生都开放。这不是一种批评，而是一种鼓励，旨在改进和再次举办研讨会。显而易见的是，如果有更多的人参与会议，将更容易进行活动系统的改革。然而，关于该问题的文献却建议以更小的单位来实施（如 Engestrom & Sannino，2010），因为在大组中很难实施辩论，无法确保每个人都能参与讨论。

另一个有关参与问题的是无法对每一名学生产生影响，一些学生感到他们被小组误解了。这一问题的产生可能是因为学生们有限的辩论能力，参加研讨会的意大利人文学科教师兼学校副校长也曾提及。在研讨会里也有权力关系，学生们知道他们所说的话可能会让教育者、教师、校长和导师感到不快。然而在研讨会中产生的这些关系和合作的氛围与教室里的情况是完全不一样的。从收到的反馈来看，明显看出，教师更加开放地去聆听学生的想法。在开放式的答案中，教师写道，他们能够从另一种不同的视角去了解他们的学生，这些在正常的课堂关系中是看不到的。总之，他们被自己的学生影响了。教师对学生态度的改变可以被看作革新实验室在课堂上应用时的另一个学习结果。

最后一组不足是革新实验室的特点，这需要举办更多的会议来找到共同的解决方案。此外，意大利组留了太多的空间设想未来的工作体验，而没有足够的时间思考学生们当前经历的问题。在澳大利亚组，大家认为有时反馈是不够的。所有这些问题都证明了革新实验室的真实性，它建立在民族志数据的基础上，并适应了不同的环境。这些问题也代表了研讨会中的多种声音和几个观点之间的辩证关系。有时很难形成一致意见，也许需要更多的时间和举办更多的研讨会来进行讨论。每个案例中，都有四分之一的数据显示，革新实验室没有发现任何缺点，因为每个问题都可以被讨论。这一点很重要，因为从中可以看出在会议中大家为营造合作的氛围所做的努力。研讨会允许任何人针对某一具体问题发表看法并对应该如何去做发表意见。

第七章　结论：职业教育和创业教育面临共同的最近发展区

最近发展区（Zone of Proximal Development，简称为 ZPD）是维果茨基提出的概念，描述了两种能力的差别，一种是儿童独立展现的能力，另一种是他们在教育者或更专业的同伴的帮助下可能会展现的能力（Vygotsky，1978）。在文化历史活动理论中，这一概念得到了扩展，包含多元互动的活动系统（Engestrom & Sannino，2010）：在革新实验室中，参与者们在拓展性学习的循环里预设他们活动系统的最近发展区。按照这一思路，恩格斯托姆（Engestrom，2004b）利用这一概念来设想未来的专业研究。同样，本研究的目的是预设创业教育和职业教育这两个相辅相成的教育形式的最近发展区。前文中引自联合国教科文组织的内容不仅强调了这两种教育形式对个体和社会两方的优势，也强调了在全球范围内关注此领域的重要性。

接下来，本章将对开展的研究进行总结。为此，我们将回顾研究背景并描述两种不同环境下的比较项目。其次，将重申主要结论并对现代职业教育和培训中跨边界的作用进行最终研究，同时发掘创业的文化理论、革新实验室以及能力理论之间的关系。接下来，本章将通过在职业教育中检验主动性和创业素养领域的最近发展区，找到未来研究可能的方向。一方面，最近发展区是学校和工作场所之间最紧密的配合，另一方面，它也是教师们以更具创业性的方式来教授创业的表现。在这两个案例中，革新实验室工具箱都能在学校办学的更多层面上为促进积极参与和民主发挥关键作用。最后，本章将为学校、雇主、教师以及政策制定者提供建议。

创业教育和职业教育

我们生活在以知识社会和知识经济为特征的知识时代。但更重要的是"知识思维"，它有助于"为今日的不确定性与明日的未知发展引航，这种不确定性不仅存在于劳动力市场，而且体现在生活的方方面面"（Badawi，2013，p. 277）。年轻人需要的能力不仅是那些与工作和学习领域相关的技能和知识，也包括应变、吸取教训、批判性思维和独立自主。导论中指出，作为全球化的结果，我们正在经历从管理型社会到创业型社会的重大转变（OECD，2010c）。在这种社会中，中小企业为促进发展和就业发挥主要作用。研究表明，相比于大公司的研发部门，创新更可能在中小企业中发生（Audretsch，2003）。中小企业要在市场中繁荣发展需要创新。这种创新可以由创业者完成，也可以来自雇员。这一点在科技创新型企业中尤为突出，因为很多员工毕业前接受了职业技术教育与培训（Badawi，2013）。在支持中小企业创新中，职业教育被放在突出位置（Garlick et al.，2007），这不仅带来了项目与合伙人，也为学生提供了地方产业需要的技术和终身学习的能力。此外，与普通教育毕业生相比，更多职校毕业生在中小企业工作或创立中小企业（Atkinson，2011）。创业型职业教育和培训还能促进郊区和乡村发展（Garlick et al.，2007）。正如联合国教科文组织职业技术教育与培训国际中心（UNESCO-UNEVOC，2012，p. 98）所言，"创业教育让人们更加自立，较少依赖于日渐不稳定的市场"。

从人的发展层面上来说，森（Sen，1990）认为教育的基本作用是提高人实现自由的能力。提升教育水平有助于促进国内生产总值在不同个体之间更好地分配，也有助于将收入和资源转化为不同的功能并帮助个体在多样化的生活方式中选择。无论如何，教育的作用就是为年轻人提供社会所需要的能力。在这一方面，两种相辅相成的教育形式——创业教育和职业教育均被认为可以有效解决年轻人的失业问题。

职业教育应让学生为整个职业生涯做好准备。遗憾的是，如今的职业课程大多面向带薪就业。在这一层面，创业教育有助于帮助学生拓宽就业机会：

　　创业教育、职业技术教育与培训是两种以增加学生和被培训人员就业能力为直接目的的教育，它们在两种主要的就业形式中发挥作用：自我雇佣（包括创立和发展中小企业）和带薪就业。这两种教育都直接把教学课程和劳动力市场联系起来，拓宽学生和毕业生的选择范围，优化个人潜力的发挥，并有助于经济和社会的综合发展。

（Badawi，2013，p. 279）

因此，创业教育也能提高职业教育的吸引力。从能力理论出发，职业技术教育与培训以及创业教育都可以被学习。这是因为，即便创业确实对经济发展做出贡献，它也不能自动转化为人的发展（Gries & Naudé，2011）。从森的能力理论来看，收入和财富（以及技术和经济发展）只能部分地解释人的发展，其中还应包括扩大个体的积极自由。因此，"积极"一词也应该用于定义创业，即发现与开拓积极机会，并为个人和社会都创造价值。

在职业教育中使用能力理论尤为重要，因为这有助于关注学生的能力，以便在工作场所内外对他们做出综合的评价，而非只关注资格或是一个特定的、预设的岗位所需的技能和特质（Wheelahan & Moodie，2011）。因此，主体的中心性和行动的自由性得到强调。基于个体能力而发挥能动性，将引发社会和经济的包容性、持续性和智能性的发展（Costa，2012）。因此，职业技术教育与培训应该关注增进学生的能力和提升工作水平，这些对个体、集体和共同体都有价值。这不仅需要很多行动者之间的公开对话，也需要参与式研究方法（Tikly，2013）。因此，个体能够讨论并做出决定的空间对提高其才能尤为重要（Costa，2012）。

　　尽管创业教育能被用作嵌入其他相似教育过程的统称（Mwasalwiba，2010），琼斯和艾尔代尔（Jones & Iredale，2010）还是区分了不同创业教育间的差别。创业教育（entrepreneurship education）的关注点在创办、发展和管理企业，而创新创业教育（enterprise education）关注从终身学习方面习得和发展适用于各种各样环境的个人能力。这一巨大差别来自所用的教学法：创业教育使用传统的说教方法，创新创业教育则利用创造性、创新性的途径，使用基于体验式行动的学习方法。在中学，主要的关注点在于培养软技能，引出事业的意义等内容。创新创业教育通过主动参与、寻找机会、"做中学"、提出问题和确立创办中小企业的权利来促进自由和公民身份。按照这一方式，可以将创新创业教育视为一种教学法（Jones & Iredale，2010）和一种弥合教育与行业在真实环境中差距的方法（Draycott et al.，2011）。从以上列举的特点（即基于体验式行动的学习方法，通过能力途径来积极参与和促进自由，以及灌输软技能并关注事业的意义）来看，本研究的实施更偏向于创新创业教育[①]。

迄今为止的故事……

　　该研究考察了在经济合作与发展组织的两个发达国家——澳大利亚和意大利的环境中，如何在职业技术教育与培训中提高主动性，培养创业精神。出发点是应用一种研讨会——革新实验室来对获取工作经验的职校学生进行创业教育。该研究以文化历史活动理论为框架，用拓展性学习理论解释集体决策制定、集体学习和社会变革。

　　根据文化历史活动理论和拓展性学习理论，研究的关注点扩大到个体之外，包含了整个相关的组织。学校和工作是两个不同的活动系统，有着不同的目标，但都旨在将学生培养为专业人才。在工作体验中，学生作为活动系统中的活跃成员，穿过了学校和工作之间的壁垒，因此有

---

　　① 本研究将创业教育和创新创业教育统称为创业教育。——译者

可能引起创新。

根据之前的研究，在调动学生的主动性和创业素养时，一个触发事件是必要的（Heinonen & Poikkijoki，2006）。在本项目中，学生在跨越边界时遇到的突出问题代表了触发事件。这些问题通常源于学生同时属于不同的活动系统，而这些活动系统有着相互冲突的要素。此外，适应不同活动系统的不同规则、分工、共同体、工具和目标的需要也会引发问题。在文化历史活动理论中，跨边界的问题被认为是活动系统发展的潜在资源。

在澳大利亚，研究关注要获得儿童保育三级证书的育儿师，该证书由注册培训机构和墨尔本一所天主教学院联合颁发。在意大利，研究项目在一所培养建筑测量员的国家级技术学院的指导下进行，主要针对伦巴第大区的建筑测量员进行了研究。两个案例的职校学生（16~19岁）都有很长的工作体验，要么是两个月的集中实习，要么每周一次，持续一年。对这些背景（意大利与澳大利亚、技术教育与职业教育、一段时间内的集中实习与每周一次实习、大量参与者与少量参与者）进行比较，得到了大量的数据，为研究关于不同现实情况下如何理解同一概念，即主动性和创业素养提供支持。

在革新实验室研讨会上，在镜面材料和研究者的帮助下，学生们同教师和工作导师们讨论了他们在学校、工作中以及学校和工作之间的问题。参与者一同寻找共通的解决方式并付诸实践，以此提升他们将想法转化为实践的能力。这种能力是主动性和创业素养的核心要素。在澳大利亚，学生们需要解决的主要问题包括校内不断变动的教师和育儿中心主任对学生们缺乏就业能力的抱怨。在意大利，只有参与项目的学生需要在工作场地，而其他班级的学生照常上课。这让参加研究的学生感觉自己被落下了。

整个经历的学习结果通过包含量化和质性部分的系列问卷调查进行检验。在量化问卷中，学生们回答了一些选择题，这些选择题与第七项欧盟核心素养——主动性与创业素养有关：包含知识、技能和态度三个维度（European Commission，2007）。知识和技能根据适用的欧洲终身学习资格框架（European Qualification Framework，简称为 EQF）等级进行描述，这些描述通常基于学生在工作场所的独立自主程度来确定。问卷的质性部分目的在于检验被试对革新实验室作为社会变革方式的态度，以及他们的主动性和创业素养。研讨会进一步的成果是，学生们共同绘制了一些导图，并将导图作为行动前的共同心理概念进行分析（Engestrom et al.，2005）。在澳大利亚，学生们制作了两张导图，第一张关于完美教师，第二张关于对工作场所的共同期待。在意大利，学生们制作了三张导图，一张关于如何在工作中创新，另外两张关于理想的工作体验。

主要发现

本研究发现：

- 根据 EQF 4 级（在工作和学习环境中按照相关指导可以实施自我管理，并可以适应一定的变化），将学校课程、工作体验和革新实验室研讨会相结合，应用于高中职校学生跨越学校和工作壁垒时，提高了学生的主动性和创业素养。在主动性和创业素养中有两种技能与革新实验室尤其相关：交流想法和小组合作。欧洲终身学习资格框架所描述的学生素养水平似乎同样与学生所学习的职业相关。
- 研究的参与者认为，主动性和创业素养主要与能动性有关。个人尽职度在某些背景下似乎也非常重要。报告显示，主动性和创业素养，尤其是在就业能力方面，与自主性和与他人合作有关。无疑，这种素养在工作环境中多数情况下是可以迁移的。然而，参与者认为在日常生活的各种环境中也能付诸实践，因此需要从终身学习的视角出发。
- 通过参加革新实验室研讨会，参与者对工作体验等方面有了更好的理解。这引发了集体反思：通过研讨会，学生们能够思考如何提高自己的表现，尤其是在工作环境中，以及如何表现得更主动（问问题、做出尝试、表现得积极主动以及拥有乐观进取的态度），以此积攒学习经验，提高就业技能。研讨会的另一个成果是增进了各方的交流并增加了能动性。

- 参与革新实验室研讨会有两种优势可在创业教育中得到应用：事实型优势和关系型优势。参与者通过讨论，集体解决其面对的问题。此外，各方增进了交流。事实型优势包括来自各方的积极反馈并提高了学生们的技能。关系型优势是，大家一起工作，任何问题都能被讨论并解决，大家畅所欲言。在任何情况下，由于革新实验室工具箱的灵活性，它的优势也随着环境的变化而改变，例如，可以有助于促进学校和工作场所相结合或者可以有助于完善课程项目。

- 尽管很多参与者认为革新实验室没有任何缺点，因为任何问题都能在其中得到讨论，但组织上的一些不足仍然存在：例如参与者认为更多学生（来自同一班级或学校）应该参与进来，而且，在整个学年中应该连续地举办更多会议。另一个问题源于参与度：不是所有的学生都出力，而且有时学生会感到被误解了。革新实验室固有的一个缺陷仍然存在：由于存在不同的视角（多种声音），有时，面对共同的抉择，人们很难达成一致，此时需要举办更多研讨会。改善体验的建议还包括在学校课程、工作体验和革新实验室研讨会中呼吁学校和工作场所之间更好的融合和合作。

最终思考

职业教育中跨边界的重要性在于提升学生的素养

　　本研究使用的理论框架——文化历史活动理论有助于在与其他相近的系统（如工作场所）的动态交流中将学校视作一个系统进行研究（Ajello et al.，2005）。由于活动对象可能不同，规则、劳动分工、共同体、工具和符号也将随之不同。这解释了为何从同一环境中学习到的素养多种多样，而且很难在其他环境中付诸实践。这两个活动系统也有着相同的目标，即学生的学习（Akkerman & Bakker，2012）。学生被视为未来的专业人员，学生的发展帮助这两个系统认识到二者间相互依存的关系，避免知识的"封闭性"（Engestrom，1991）。这是一种不能在其他相邻活动系统环境中被再语境化（re-contextualized）[1]的知识，例如一些在学校中学习的理论知识，或工作场所中掌握的非常具体的技能。在这两个例子中，由于这些知识不能被用于解决新情景下的问题，因而无法促进素养的形成。因此，职业教育应该向学生提供多样的环境，使知识和技能可以被付诸实践并转变为素养。

跨边界克服了封闭性问题，因为这意味着一种不同的知识迁移方式：包括正在进行的、双向作用的行动以及实践之间的相互作用（Saljo，2003）。在跨边界中，学生们不被视为亟须社会化的新成员：他们从参与的其他实践中得到了专业知识。学生们被视作积极成员，并对塑造环境和进行创新做出贡献。在建筑测量中通常会面临许多新问题，跨边界能力在此尤其有用，而能力必须置于新环境中才能发挥作用。为了在建筑工地、办公室和市政当局落实行动，测量员们和来自其他组织的成员组成临时的团队（通常是建筑师、建筑工程师和建筑工人，也有其他人）。对学习儿童保育的年轻人而言，即使面对的环境和问题不那么多变，上述模式依然有效。总之，儿童成长需要稳定的环境。然而，幼儿园老师需要掌握不同的职业技能，处理新问题，并为不断变化着、涌现新的和不同需求的客户群服务。

因此，充分适应变化是跨边界的主要目标。现如今，学生们必须学习如何在灵活多变的组织中工作，这是全球化世界中非常重要的特质。恩格斯托姆（Engestrom，2008a）主张："今天，静态的团队逐渐被可以应对快速变化目标的流动的、分节的工作形式所取代。这种工作方式要求并激发了拓展性学习这一新形式，有效地调动了能动性。"跨边界就是寻找行之有效的方法，联结那些存在交叉但又不相同的实践类型（Akkerman & Bakker，2012）。诸如全球化、知识型社会、新生产方式

---

[1]　凡·奥尔斯（Van Oers，1998）在强调知识迁移时使用了这一术语。

和组织形式等现象为学校和行业间关系的创新提供了土壤（Stenstrom &
Tynjala，2009）。因此，职业技术教育与培训中最重要的发展之一便是
长期工作经验的运用。最终，工作实习将被视为学校教育中内嵌的过程
而非学校教育的外挂形式。

创业的文化理论、能力理论和革新实验室

　　这部分将分析基罗提出的创业的文化理论（Kyro，2006）、恩格斯
托姆等学者提出的革新实验室理论（Engestrom et al., 1996）以及森的能
力理论（Sen，1999）之间的相似之处。

　　能力理论和革新实验室间的第一个相似之处是认同能动性的重要
性。无疑，在两种环境中主体都是彰显主动性和创业素养的主要维度。
创业教育需要一个触发事件，以此调动参与者的能动性。在革新实验室
中，镜面材料和辩论被用于调动个体的能动性：参与者意识到要想改变
现状，某些事情必须通过小组完成。革新实验室的特点是能动性，这体
现在两个认识论理论上：从抽象到具体和双重刺激（Sannino，2011a）。
在能力理论中，能动性被视为"人的能动性"，并描述了个体为某种其
认为有价值的目标而工作的能力（Alkire，2005）。这是社会积极变革
的核心因素。

　　革新实验室、能力理论以及创业的文化理论都强调了个体与更广阔
的社会，即与集体之间的联系。革新实验室通过集体改变事物的状态
的努力将个体和小组维度联系起来。恩格斯托姆三角模型（Engestrom，
1987）被用于分析活动系统的临界状态。这一三角模型关注要素间的相
互联系，并将主体与活动系统、共同体、规则和分工联系起来。这样一
来，分析问题时就能从个体和集体两个角度上进行。按照基罗的文化
理论进行分析，创业教育可以从个体和集体两个维度进行。最重要的
是，这些角度相互作用，不可分割（Kyro，2006）。与创业的文化理论
类似，能力理论也强调个体和社会间的联系：其精髓在于，个体自由是
社会产物（Sen，1999）。个人与社会能动性的相互联系是基于对理性
的信任，即在大量的实践中，人的能力通过行为举止反映出来（Costa，

2012）。本研究认为，被试和集体是相互联系的，研究结果也反映了这一点：问卷调查由个人完成，海报由小组完成。海报反映了个体在开放式问题中提出的很多要点。

本质上，能力理论、创业的文化理论和革新实验室理论都关注通过参与从而转换和生成新的实践。例如，基罗（Kyro，2006）建议将创业的文化理论与经济发展、民主和自由联系起来。尤其是当社会处于文化转型，自由的思想对社会成功十分重要时，创业就显得十分必要。在这样的转型时期，创业通过创造新实践和转变旧系统、旧习俗，在触发变革中变得有价值。同样地，对于文化历史活动理论而言，动荡时期以及改变实践现状的需求也很重要。变革实验室理论建立在维果茨基的理论和马克思主义革命实践理论的基础之上（Sannino，2011a），旨在引发社会实践的变革。马克思的理论也被认为是能力理论的来源之一。在关于生活水平的著作中，森（Sen，1984）提出了可以关注个体的能力和积极自由，并将其作为生活水平的标志，这与马克思主义的基本问题紧密相连，即"用个体对机会和环境的支配取代环境和机会对个体的支配"（Marx，in Sen，1984，p. 296）。涉及社会变革之处，森主张给予个体塑造自我未来的可能性，而不能仅将其视作"精致的发展项目"的被动受益者（Sen，转引自 Alkire，2005，p. 218）。因此，给个体讨论和做决定的空间对提高其能力尤为重要。

这强调了在学校里通过各级民主程序促进社会变革的重要性。重复性的活动，例如演讲，通过与包容性的空间相结合，让学生们能积极地参与其中，并塑造实践。这一民主过程强调了从积极参与和辩证中形成共同价值观：多元的观点变为有价值的资源并促进创新，由此获得创造新功能的能力。

现如今，为学生提供预设的教育路径是不够的，即便这种预设的教育路径是最适合学生的。还需要给予学生参与空间，让他们能够讨论和反思对其而言重要的事情，从而做出充分的决定。在提供新机会的同时，这一过程也扩大了学生的积极自由、自主性和个人主动性。一个包容的教育系统应该包含这一过程。一方面，学生应该像"小创业者"一样行动。另一方面，学生失败时不应被认为犯了错误。一个包容的系统应该关注那些阻碍学生在其认为重要的事情上获得成功的过程因素。

职业教育和培训中关于主动性和创业素养的最近发展区是什么？

前文已经强调了学校和行业间的紧密联系，甚至包括工作体验如何被视作教学过程的一部分。因此，职业教育中有关主动性和创业素养的第一个最近发展区，便是加强学校和工作场所之间的交流。通过伙伴合作、共同项目、学生在假期进入行业实习、工作者（去学校）和老师（进企业）的"交换项目"，以及创业者来校参观演讲可以实现这一点。事实上，学校和工作场所应该相互合作提供培训，学生应被视为在边界处工作，而非淡化边界的作用[①]。正是在边界处，创新得以出现，差异和问题被视作学习和积极变化的源泉。

革新实验室研讨会已被证明是一个强大的工具，能在扩大的决策过程边界上让所有的参与者一同讨论问题并找到公认的解决办法。如蓬泰科尔沃等学者（Pontecorvo et al., 2004）所言，人们通过讨论来学习。创造性的集体解决问题和反思问题是革新实验室的两个表征过程，它们紧密相关。越是对内化流程进行批判性反思，找到新解决办法的可能性就越大（Ajello et al., 2005）。组建革新实验室的另一个原因是，反思性实践只有在参与者真正考虑现实情况时才有效（Costa, 2011）。有效的行动源于个体通过解决问题不断增加可能性。因此，产生了新的创造性联系和批判性反思的可能性（Costa, 2011）。综合教学法模型（Tynjala & Gijbels, 2012）也强调了今天急剧变化的世界所需的反思性知识和解决问题的持续能力。反思性知识是职业专门知识的一个组成部分，其余三个组成部分是理论知识、实践知识和社会文化知识。解决问题则将这四种知识连接起来，并将其转化为职业专门知识的过程。

欧盟委员会强调（European Commission, 2009），教师缺乏创业教学技能是另一个需要填补的差距。第一个重要步骤是，把创业视作课程

---

① 阿克尔曼和巴克（Akkerman & Bakker, 2011）对边界的定义是：社会文化的差别导致行动和交流间出现大量的不连续性。

的明确目标，并在实施中投入精力和关注。例如，可以在学校课程，尤其是职业课题中大量使用课题研究和小组作业。学校组织的工作场所参观活动（如测量员去工地参观）应该更频繁，并以小组形式进行；学校与工作之间的合作也应得到提升。应该鼓励学生提出想法，变得有创造性，而不只是听课。应该采用积极的、关注小组合作的教学法，赞同实践经验、项目和跨学科活动，并与研讨会的应用相结合（Bertagna，2010；Gentili，2013；Saladin，2011）。这在人文学科、科学学科和技术学科中都能实践。传统教学方式，如讲课，可能会打消学生的创新性（Heinonen & Poikkijoki，2006）。教师们应向学生提供有关如何发展和实现个人目标的个人指导和不同的观点。这并不意味着学生应被放任自由。相反，没有指导的学习会停滞不前（Van Gelderen，2012）。

根据以上论述，主动性看起来似乎只在工作场所之中是必要的，而学校只应简单传授学生创业知识以使其做好参加工作的准备。其实不然，创业可以被视为自发的、个人的主动性，是生活中每个领域的核心素养（Cárdenas Gutiérrez & Bernal Guerrero，2011）。为何每个人都应该拥有主动性，为何欧盟委员会将其归纳为八项终身学习的核心素养之一，原因十分清晰。因此，学校应该教授创业，而不是简单地只是将学生送到行业中去工作。教师应该了解组成主动性和创业素养的知识、技能和习惯，并在他们自己的实践中创新，这样才能成为学生的榜样。

因此，职业教育中有关主动性和创业素养的第二个最近发展区是用更具创业性的方式教授创业。将此付诸实践的一个可行的方式是再次回到革新实验室。教师能与其他利益相关者（企业领域、工会、学生和校方的代表）一同讨论如何系统地将创业教育与课堂和学校相融合，以及在此过程中所需的教学工具，以此把创业教育融入具体的教学内容。这样，教师不仅可以学习创业，也可以将其付诸实践，自身也能变得更具创造性。

给教育者、学校和政策制定者的建议

本研究的重要性在于阐释了促进现代中等教育培养主动性和创业素

养的挑战。下文将总结本研究的结论，并就如何提高职业教育的质量以及提升主动性和创业素养，向教育者、学校和政策制定者提出建议。

对教师而言，在课堂中可以使用多种教学方法如课题研究、小组合作和解决实际问题来进行创业教育。我们提倡限用讲授法，教师应该向学生提供支持而非规定学生如何去做，教学的最终目的应是发展学生的主动性和个人积极性。

对于雇主而言，在实习中工作导师应该支持并鼓励学生的自主性和个人创新性。他们应该强调就业所需能力的重要性，如有责任心、准时到达、提问、有积极的态度以及时刻准备着在工作中抓住学习的机会。工作场所和学校间需要更好的合作，例如通过革新实验室研讨会等形式。

应向学生提供创业引导。此外，每个教育者都应该从各方面强调这种素养的重要性。第一个方面，应该教会学生如何开始创业，自我雇佣也应该成为取得学校证书后的一个重要选择。第二个方面，教育者应该强调主动性和创业素养在找工作时和工作中的重要性。第三个方面，可能也是最重要的一点，应该从终身学习的角度向学生强调主动性和创业素养的重要性，可以体现在学生付出努力的各个方面，包括教育、体育、志愿工作和私人生活。为此，教育者应该每天将这种能力付诸实践，由此变得更具创业性和成为学生的榜样。

对学校而言，可以采取不同的方法教授创业。首先，应该鼓励采用研讨会、小组合作和课题研究等教学工具。减少使用讲课的方式，而且学生应该学着自主发展和培养主动性。学校也应该向当地企业和社区寻求合作。这有助于促进合作和共同完成项目。学校也应该加快进程，用长期工作实习代替不定时的学校参观。

正如整个研究所示，创造反思空间，让学生能够讨论从学校到工作的转变中所遇到的问题并找出公认的解决办法，对加强学生的主动性和创业素养十分重要。研讨会应该在工作场所定期开展，相关各方代表，不仅是学生和教师，也包括工作导师和校方，都应该积极参与，促使研讨会更有影响力。只有这样，当做出集体决策时，才有利于在不同的行动系统中带来变革。越小的分组越适合激发学生的主动性。

　　对政策制定者而言，重要的是职业教育要吸引学生及其家长。应该加强学校与当地企业建立合作的机会，以及学生在工作场所实习更长时间的可能性。在工作场所长期实习 40 天，不论是集中实习还是一周一次，都是学习工作体验和就业技能所需要的。创业教育对从终身学习角度提高学生毕业后的机会非常重要。主动性和创业素养应该是职业课程的明确目标。教师、学校导师和工作导师应该接受创业教育的培训，将自身转变为更具创业性的个体和学生的榜样。只有这样，从学校到工作的转变会更加成功，职业教育也会更具吸引力。

　　最后一点是关于学生参与工作体验中跨边界时所遇到的困难情况。用马克思主义的术话来描述，学生—工作者的使用价值和交换价值之间的争议是显而易见的。一方面，学生作为未成年人需要教育、支持和培养。另一方面，在工作场所，学生作为工作者，需要完成雇主要求的工作。在学校的帮助下，需要在这两个极端之间建立一个平衡，让学生能在工作场所中成为一个有价值的助手，同时学到职业知识，避免信息壁垒。最重要的是，在工作体验期间，学生应该学到在全球化社会中生存以及处理危机和机遇所需的终身学习核心素养。只有这样，学校和行业的联盟才能帮助学生准备好迎接全球化带来的挑战，将其转变为每个人的机遇。

意大利的工作文化

　　意大利项目由研讨会和长期工作体验组成，后者首次在该学校作为学校—工作交替制活动开展。下一段将依据意大利关于学校—工作交替制学习方法的研究，讨论该项目中出现的临界状态。同时，也将结合意大利正在经历的困难历史时期一同探讨。

　　依据意大利国家文献、创新和教育研究机构（Italian National Institute for Documentation, Innovation and Educational Research，简称为 INDIRE）收集的数据，从 2006 年开始，学校—工作交替制已成为所有高中，包括文法学校、职业技术学院、艺术学院等广泛采用的一套方法

（Zuccaro，2011）。在 2011—2012 学年，意大利有 44% 的教育机构共提供了 4035 个学校—工作交替制机会（前一年为 3991 个），吸引了近 19 万学生参加，其中，7.5% 的学生是高中生（Zuccaro，2012）。这些机会大多由技术学院、职业学院和文法学校（按重要性排序）提供。提供最多学校—工作交替制机会的地区是伦巴第，约占总数的 34%。学校—工作交替制的岗位机会涉及的欧洲核心素养（按重要性排序）是：学会学习、社交和公民素养以及主动性和创业素养（Zuccaro，2011）。根据数据，本研究是典型的学校—工作交替制：由伦巴第大区的技术学院举办，并关注主动性和创业素养。

与本研究进行比较，会发现一些有趣的数据，即地方层面学校—工作交替制的优点和缺点。数据是 2008—2009 学年的，来自伦巴第大区学校办公室（Lombardy Regional School Office）（Pupazzoni，2009）。在数据所强调的优点中，学校—工作交替制证实了学校和企业间在设计和实现发展路径的协同作用。数据也证实了学生强烈的主动性和参与性。伦巴第大区学校办公室强调的第三个优点是，参与的教师和导师在教导和方法上存在差异，这在本研究中也得到了证实。这可能使促进主动性和创业素养的教学方法得到改善，也可能触发关于创业教育革新实验室的进一步研究。

学者普帕佐尼（Pupazzoni，2009）提出，缺点之一是学校相关的活动和工作相关的活动之间缺乏沟通。本研究也证实了为正常上课的学生开展其他替代性活动是很困难的。学生在实习工作中获得的能力如何与其他在校进行正常上课和考试的同学进行匹配也不明晰。例如，很有可能学生们即将在课堂上学习的内容已经在实习工作中掌握了。普帕佐尼（Pupazzoni，2009）提出的另一个缺点是整个教学体系参与不足，这也在本研究中得到了证实。尽管班级委员会在该项目开始前就对此进行了讨论并一致通过，但是，一些教师慢慢地失去了兴趣，变得不太投入。因此，在学校—工作交替制的进一步研究中，学校全体教师的参与将是一个方面；通过革新实验室工具箱也有可能再次实现这一点。

因此，接下来的项目需要考虑为留在课堂上的学生开展活动，这和工作体验一样富有教育意义。这也可以作为革新实验室可能的主题，与教师、工作导师和其他利益相关者一同讨论。形成性模拟公司可能是一个可行的方案，欧盟委员会将其视作创业教育可行的教学方法（European Commission，2009，p. 23）。在校学习的学生也可以为实习学生的公司做项目，而且，革新实验室理论也可以作为在边界上发展这一先进学习方式的合适工具，正如恩格斯托姆主张的打结学习法那样（Engestrom，2008b）。这两种方法都能克服学生错过课程的问题。

假如有足够的雇主，应该为每个想参加实习的学生都提供机会。有些学生认为自己能进入大学深造，因此就不必"多此一举"。这也是部分人的观点，即应该在完成学业后再参加工作。这种观点希望个体只选择那些学习过的工作（参见 Bertagna，2010）。根据这种观点，测量员学徒的工作场所将不利于未来的建筑师和土木工程师发展。恰恰相反，工作场所应该有利于各种学生：有利于未来继续深造的优秀学生，他们在工作场所中能够获得很多学习机会；有利于在取得证书后找工作的学生；有利于表现欠佳的想赶上班级其他同学的学生。总之，本研究强调工作场所是提高个体主动性的独特地方。

根据工作场所部分导师的观点，工作体验应被视作学校课程的替代品而非附加品。他们建议将实习经历移到暑假。这也是上文讨论的人们的另一思维习惯，即将工作和学校两个世界分隔开。恰恰相反，学校—工作交替制应该被视为学校教育过程的一部分，而非选修部分：在工作场所，学生能够学到与学校相同的能力素养。意大利的政策法规也强调了这个观点，将工作中的学习置于中心位置，并且力求与"欧盟 2020 发展战略"（Europe 2020）、"新技能和就业议程"（New Skills and Jobs）以及最近的"就业一揽子计划"（Employment Package）保持一致（参见 Bulgarelli et al.，2012）。

另一种把学校和工作对立起来的观点就如同这个简单的等式：学校与理论有关，工作与实践相关。首先，如今很多工作正在变得理论化（Tynjala，2008）。其次，学校已经从教授内容转变为教授能力。因此，知识也日益交叉学科化并更加依赖关系和环境。（Ajello，2011；Costa，

2011；Pellerey，2011）。最后，学校—工作交替制的目的是，无论在工作场所还是在学校，都让学生学到一样的能力。

上述三种思维习惯都是一种文化理想主义视角，将学校和工作分隔对待（Benadusi，2011a；Bertagna，2010；Gentili，2012b）。意大利课程包括一个学科等级体系，其中科学学科被认为低于人文学科。学校倾向于忽视知识的实践层面及其运作方式（Salatin，2011）。一般而言，工作，尤其是体力工作，被认为价值较低。因此，技术学院和职业学院提供的职业教育一般被认为低于大学。但是，技术学院致力于培育技术人文主义。从教学法观点来看，这与科学人文主义和文学人文主义同样高贵（Margiotta，2007）；然而，认可技术人文主义则迫切需要文化的转向。现如今，这种偏见直接影响着技术教育的招生数量。

学者金泰利（Gentili，2012a）认为正是技术培训为20世纪60年代的经济繁荣提供了支持，并因此促进了当今环境的发展。作为经济危机的结果，意大利的学校越来越意识到将形成链和产出链联系在一起的重要性。意大利最新的教育政策旨在促成学校和企业在地区层面上的形成性联盟概念（Salatin，2011）。而学校—工作交替制正是这种联盟的有效尝试，而且该项目也被证实是成功的。处在学校—工作交替制之中的创业教育也对个体的财富和国家的经济发展起到了十分重要的作用（Ugolini，2012）。

职业教育和培训应该以工作为基础，并直接对接当地企业的需求，从而提高吸引力（Bulgarelli et al.，2012）。在介绍及时、具体的工作内容时，意大利的学校应该想办法达成平衡，使学生毕业后能找到符合资历的工作的同时培养他们的通用形成性专业能力并以此塑造其科学的心智（Visalberghi，2011）。工作体验不能被简化为技能演练或学校知识的实地检验。相反，它应该是一种强大的工具，能够发展和塑造个体的专业心态。最终，在特定企业背景下获得的工作体验将成为学校里的一种集体反思和成果（Mengoni，2012），就像意大利开展革新实验室研讨会那样。

技术学院和学徒制的改革、专业技术等级和科技委员会的创立，以及高等技术学院提供的新的办学路径都标志着上述方面的进步。高等技术学院的前景看起来格外光明,因为与澳大利亚的技术与继续教育学院相比,这些学校通过提供高度专业化的后文凭技术教育,首次在意大利提出了与大学相当的选项[①]。

通过上文所述的教育改革,意大利希望这样做能弥补学校和工作之间的鸿沟,由此向年轻人提供更多就业机会,招募更多企业急需的高级技术工作者,借此最终从经济危机中恢复。当文化和工作被同等对待时,这一点有可能会实现。

在这方面,学者伯塔格纳(Bertagna,2011)提议每名学生在18岁之前,不论男女,都应该获得一次职业教育和培训证明,以便胜任工匠或商人的工作。只有这样,才能战胜意大利将普通教育与职业教育相分离的范式和文化氛围,使每个学生树立起对体力劳动的积极态度。相似地,该研究建议应该强制每个高中学生参加长期工作实习,不管他们就读的是什么种类的学校,也不论他们毕业后是想去大学深造还是找工作。

对如何提高澳大利亚职业教育和培训的反思

下面的段落将提供关于如何在这类学校课程中提高澳大利亚职业教育和培训的一些建议。由于澳大利亚职业系统高度复杂,很难对其进行分类。一些行业部门——例如护理或受监管的贸易——与劳动力市场联系紧密,而其他行业,例如金融或农业,与特定的工作联系较弱(Wheelahan et al.,2012)。这些建议试图促进变革,推动职业教育和培训中就业逻辑的更广泛应用(参见 Ianneli & Raffe,2007)。这意味着,除了给年轻人参与大学学习的机会以外,职业教育和培训系统还应该以向其提供平稳进入行业的过渡为目标。值得注意的是,与其他国家相比,澳大利亚年轻人失业率相对较低。根据汤姆·卡梅尔(Tom Karmel)所言(转引自 NCVER,2013),两个主要原因能解释这一情

---

① 该课程始于 2012 年。

况。第一，继续教育率高，导致找工作的年轻人少。第二，澳大利亚宽松的教育体系为个体提供了多种获得资质的机会。澳大利亚经济持续向好，这些因素也继续发挥着重要作用。

本研究的对象是三级证书，这一证书促进了学生进入企业的成功转型。研究人员注意到，一些参与研究的学生得到了工作机会，但为了从社会服务中得到四级证书，又拒绝了工作机会。还有一些参与研究的学生得到了年度最佳职校学生奖的提名。该课程取得成功的原因很可能与多个机构提供学徒机会有关。作为行业的一部分，注册培训机构能提供优秀的教师和优质的实习工作。该课程也提供有偿的学徒工作，能确保学校和工作之间更好地联系在一起。

澳大利亚的职业教育受到相当多的因素影响。有时很难在澳大利亚开展高质量的职业教育，原因之一是学校级别的职业教育和培训包含在普通教育中。企业不相信学校中的职业教育和培训具备高质量。尽管学校颁发的一级证书和二级证书有助于毕业生留在企业，但对于毕业生进入行业和找到稳定的工作而言这仍是不够的。因此，很多拥有一级或二级证书的年轻人发现只能找到临时的工作。另一个原因是，和意大利一样，职业教育被认为是普通教育以外退而求其次的选择。因此，它不能吸引最好的资源：教师、资金和学生。由于经济社会地位低的学生倾向于选择职业教育，而高质量的职业教育和培训对于促进教育公平至关重要，所以需要采取措施进行优化。

首先，扩大基于工作的学习内容有助于提高学生的就业能力。斯坦斯特伦和廷雅拉（Stenstrom & Tynjala，2009）认为，使用工作实习作为教育和学习策略已成为教育中最重要的发展。实习应该尽可能在分级职业教育的开始阶段进行，如在一级认证和二级认证时开展。在本研究中，实习每周一天，持续一年。一些导师更喜欢学生集中实习，因为每周一次实习不能保证足够的连续性。一个工作导师说："如果学生有一天生病请假，错过一天的实习，两周后再回来，就会感觉自己像陌生人一样。"集中工作实习可以确保学生更好地整合实习实践。反过来说，每周一次的实习似乎能更好地平衡学校学习与工作学习。例如，学生可以在工作场所观察到自己正在学习的内容，反之亦然。两者之间需要建立恰当的平衡。此外，学校的课程应该从两方面改进。第一个方向，要向学生提供更多理论知识，例如有助于学生更好地理解工作复杂性的有用概念。另一个方向是开展更多研讨会，促进调动理论概念解决实际问题。学生应该通过小组合作来完成项目工作，有助于将概念和实际问题结合起来。总之，职校学生应该在工作场所和职业课程中投入更多时间。

　　正如本研究所示，创设集体空间，让学生、教师和工作导师能一起在边界处工作并对如何沟通学校和工作进行反思，能够提高培训的质量。教师与职业教育和培训协调员应该经常探访工作场所的学生，导师也应该参与学生的培训。首先，应该培训他们如何通过支持和鼓励促进学生的学习。其次，应该要求他们投入更多时间帮助学生融入工作环境。最后，他们可以通过课堂授课，促使学校和工作结合得更加紧密。

参考文献

Ahmad, N., & Seymour, R. (2008). *Defining entrepreneurial activity: Definitions supporting frameworks for data collection*. Paris: OECD Publishing.

Ajello, A. M. (2011). Le competenze ed il rinnovamento della didattica come prospettiva culturale nella scuola. *Scuola Democratica, 2*, 98–105.

Ajello, A. M., Chiorrini, P., & Ghione, V. (2005). La scuola dell'autonomia come sistema complesso: un modello di analisi. *Università e Scuola, X*(1/R).

Akkerman, S., & Bakker, A. (2011). Boundary Crossing and Boundary Objects. *Review of Educational Research, 81*(2), 132–169. doi: 10.3102/0034654311404435.

Akkerman, S., & Bakker, A. (2012). Crossing Boundaries Between School and Work During Apprenticeships. *Vocations and Learning, 5*(2), 153–173.

Alkire, S. (2005). Subjective Quantitative Studies of Human Agency. *Social Indicators Research, 74*(1), 217–260.

Aprea, V. (2012). Collegare filiere formative e filiere produttive. *Annali della Pubblica Istruzione, 139* (Tra scuola e lavoro), 89–100.

AQF Council. (2013). *Australian Qualifications Framework*. (978-0-9870562-2-1). Adelaide: Australian Qualifications Framework Council. Retrieved from www. aqf.edu.au.

Atkinson, G. (2011). *Working for yourself: For love or money?* Adelaide: National Centre for Vocational Education Research (NCVER). Retrieved from http:// www.ncver.edu.au.

Audretsch, D. B. (2003). Entrepreneurship: A Survey of the Literature. *Enterprise Papers, 14*, 73 p.

Australian National Training Authority. (2003). *Fostering generic skills in VET programs and workplaces*. Adelaide: NCVER.

Badawi, A. A. (2013). TVET and entrepreneurship skills. *Revisiting global trends in TVET: Reflections on theory and practice* (pp. 275–308). Bonn: UNESCO-UNEVOC.

Bahri, S., & Haftendorn, K. (2006). *Towards an entrepreneurial culture for the twenty-first century: Stimulating entrepreneurial spirit through entrepreneurship education in secondary school*. Paris: UNESCO Publishing.

Bales, R. F. (1950). A Set of Categories for the Analysis of Small Group Interaction. *American Sociological Review, 15*(2), 257–263.

Benadusi, L. (2011a). L'approccio delle competenze: una critica della critica. *Scuola Democratica, 2*, 111–118.

Benadusi, L. (2011b). Una premessa: equità e "percorsi misti" di studio e lavoro. *Scuola Democratica, 3*, 10–13.

Bertagna, G. (2010). I giovani e il nostro futuro: quale "lavoro" per uscire dalla crisi? *Quaderni di ricerca sull'artigianato, 55*, 15. Retrieved from http://www. quaderniartigianato.com.

Bertagna, G. (2011). I giovani tra formazione e lavoro – analisi e proposte. *Quaderni di ricerca sull'artigianato, 58*, 171. Retrieved from http://www. quaderniartigianato.com.

Bianchi, P. (2012). Il ruolo della formazione tecnica e professionale nello svilupop del Paese. *Annali della Pubblica Istruzione, 139* (Tra scuola e lavoro), 81–88.

Bowman, K. (2010). *Background paper for the AQF Council on generic skills*. Retrieved from www.aqf.edu.au.

Boyatzis, R. E. (1982). *The competent manager: A model for effective performance*. New York: Wiley.

Boyatzis, R. E. (2008). Competencies in the 21st Century. *Journal of Management Development, 27*(1), 5–12.

Bulgarelli, A., Centra, M., & Mereu, M. G. (2012). Professioani e livelli di competenze in Italia e in Europa. *Annali della Pubblica Istruzione, 139* (Tra scuola e lavoro), 101–122.

Cárdenas Gutiérrez, A. R., & Bernal Guerrero, A. (2011). Education and Entrepreneurship: Educating in the New Competence of Autonomy and Personal Initiative. *International Journal of Learning, 18*(8), 237–247.

Cedefop. (2011). *Guidance supporting Europe's aspiring entrepreneurs. Policy and practice to harness future potential*. Luxembourg: Publications Office of the European Union.

Cedefop. (2012a). *From education to working life*. Luxembourg: Publications Office of the European Union.

Cedefop. (2012b). *Skill mismatch: The role of the enterprise*. Luxembourg: Publications Office of the European Union.

Cedefop. (2013a). *Benefits of vocational education and training in Europe for people, organizations and countries*. Luxembourg: Publications Office of the European Union.

Cedefop. (2013b). *Work programme 2013*. Luxembourg: Publications Office of the European Union.

Cedefop. (2014). *Work programme 2014*. Luxembourg: Publications Office of the European Union.

Cinquepalmi, G. (2011). *Formazione e orientamento per competenze*. Roma: Aracne.

Clarke, K. (2012a). *Entry to vocations: Examining the efficacy of VET in schools*. Adelaide: National Centre for Vocational Education Research (NCVER).

Clarke, K. (2012b). *Entry to vocations: The efficacy of VET in schools*. Adelaide: NCVER. Retrieved from www.ncver.edu.au.

Clarke, K. (2013). *Entry to the vocations: Strengthening VET in schools*. Adelaide: NCVER.

Clarke, K., & Polesel, J. (2013). Strong on Retention, Weak on Outcomes: The Impact of Vocational Education and Training in Schools. *Discourse: Studies in the Cultural Politics of Education*, 1–15. doi: 10.1080/01596306.2013.770251.

Clarke, K., & Volkoff, V. (2012). *Entry to vocations: Current policy trends, barriers and facilitators of quality in VET in schools*. Adelaide: NCVER.

CNEL & ISTAT. (2013). *BES 2013. Il benessere equo e solidale in Italia*. Roma: Consiglio Nazionale dell'Economia e del Lavoro Istituto nazionale di statistica.

Cole, M. (1998). *Cultural psychology: A once and future discipline*. Cambridge: Harvard University Press.

Confindustria. (2014). *L'EDUCATION PER LA CRESCITA. Le 100 proposte di Confindustria*. Retrieved from http://www.scuola24.ilsole24ore.com/pdf2010/Editrice/ILSOLE24ORE/QUOTIDIANO_SCUOLA/Online/_Oggetti_Correlati/Documenti/2014/10/08/prima%20giornata%20education.pdf.

Cope, J. (2005). Toward a Dynamic Learning Perspective of Entrepreneurship. *Entrepreneurship: Theory & Practice, 29*(4), 373–397. doi: 10.1111/j.1540-6520.2005.00090.x.

Costa, M. (2011). Il valore della competenza. In M. Costa (Ed.), *Il valore oltre la competenza* (pp. 69–96). Lecce: Pensa Multimedia.

Costa, M. (2012). Agency formativa per il nuovo welfare. *Formazione & Insegnamento, X*(2), 83–107.

Crayford, J., Fearon, C., McLaughlin, H., & van Vuuren, W. (2012). Affirming entrepreneurial education: Learning, employability and personal development. *Industrial & Commercial Training, 44*(4), 187–193. doi: 10.1108/00197851211231450.

Curtin, P., & Stanwick, J. (2011). Overview. In P. Curtin, J. Stanwick, & F. Beddie (Eds.), *Fostering enterprise: The innovation and skills nexus – research readings* (pp. 10–17). Adelaide: NCVER.

Cussin, A. (1992). Content, Embodiment and Objectivity: The Theory of Cognitive Trails. *Mind, 101*(404), 651–688.

Dawe, S. (2004). *Vocational education and training and innovation.* Adelaide: NCVER.

Delors, J. (1998). *Learning: The treasure within report to UNESCO of the International Commission on Education for the Twenty-First Century.* UNESCO.

Draycott, M. C., & Rae, D. (2011). Enterprise Education in Schools and the Role of Competency Frameworks. *International Journal of Entrepreneurial Behaviour and Research, 17*(2), 127–145.

Draycott, M. C., Rae, D., & Vause, K. (2011). The Assessment of Enterprise Education in the Secondary Education Sector: A New Approach? *Education & Training, 53*(8–9), 673–691.

Engestrom, Y. (1987). *Learning by expanding.* Helsinki: Orienta-Konsultit.

Engestrom, Y. (1991). "Non Scholae sed Vitae Discimus": Toward Overcoming the Encapsulation of School Learning. *Learning and Instruction, 1*(3), 243–259.

Engestrom, Y. (1992). *Interactive expertise: Studies in distributed working intelligence.* Paper Presented at the Department of Education, University of Helsinki.

Engestrom, Y. (1994). *Training for change: New approach to instruction and learning in working life.* Geneva: International Labour Office.

Engestrom, Y. (1996). Development as Breaking Away and Opening Up: A Challenge to Vygotsky and Piaget. *Swiss Journal of Psychology, 55*, 126–132.

Engestrom, Y. (2000). Activity Theory as a Framework for Analyzing and Redesigning Work. *Ergonomics, 43*(7), 960–974.

Engestrom, Y. (2001a). Activity Theory as a Framework for the Study of Organizational Transformations. *Knowing in Practice*, February, 2001, University of Trento, Italy.

Engestrom, Y. (2001b). Expansive Learning at Work: Toward an Activity Theoretical Reconceptualization. *Journal of Education and Work, 14*(1), 133–156.

Engestrom, Y. (2003). The Horizontal Dimension of Expansive Learning: Weaving a Texture of Cognitive Trails in the Terrain of Health Care in Helsinki. *Milestones of Vocational and Occupational Education and Training, 1*, 152–179.

Engestrom, Y. (2004a). New Forms of Learning in Co-configuration Work. *Journal of Workplace Learning, 16*(1/2), 11–21. doi: 10.1108/13665620410521477.

Engestrom, Y. (2004b). The new generation of expertise: Seven theses. In H. Rainbird, A. Fuller, & A. Munro (Eds.), *Workplace learning in context* (pp. 145–165). New York: Routledge.

Engestrom, Y. (2005). Knotworking to Create Collaborative Intentionality Capital in Fluid Organizational Fields. *Advances in Interdisciplinary Studies of Work Teams, 11*, 307–336.

Engestrom, Y. (2008a). *From teams to knots: Activity-theoretical studies of collaboration and learning at work.* New York: Cambridge University Press.

Engestrom, Y. (2008b). When the Center Does Not Hold: The Concept and Prospects of Knotworking. *Sociologie du travail, 50*(3), 301–330.

Engestrom, Y. (2011). From Design Experiments to Formative Interventions. *Theory & Psychology, 21*(5), 598–628.

Engestrom, Y., Engestrom, R., & Karkkainen, M. (1995). Polycontextuality and Boundary Crossing in Expert Cognition: Learning and Problem Solving in Complex Work Activities. *Learning and Instruction, 5*(4), 319–336.

Engestrom, Y., Pasanen, A., Toiviainen, H., & Haavisto, V. (2005). Expansive learning as collaborative concept formation at work. In K. Yamazumi, Y. Engeström,& H. Daniels (Eds.), *New learning challenges: Going beyond the industrial age system of school and work* (pp. 47–77). Kansai: Kansai University Press.

Engestrom, Y., Rantavuori, J., & Kerosuo, H. (2013). Expansive Learning in a Library: Actions, Cycles and Deviations from Instructional Intentions. *Vocations and Learning, 6*(1), 81–106.

Engestrom, Y., & Sannino, A. (2010). Studies of Expansive Learning: Foundations, Findings and Future Challenges. *Educational Research Review, 5*(1), 1–24. doi: 10.1016/j.edurev.2009.12.002.

Engestrom, Y., & Sannino, A. (2012). Whatever Happened to Process Theory of Learning? *Learning, Culture, and Social Interaction, 1*, 45–56.

Engestrom, Y., Virkkunen, J., Helle, M., Pihlaja, J., & Poikela, R. (1996). The Change Laboratory as a Tool for Transforming Work. *Lifelong Learning in Europe, 1*(2), 10–17.

European Commission. (2000). Presidency conclusion. Lisbon European Council 23 and 24 March 2000. Retrieved from http://www.consilium.europa.eu/uedocs/cms_data/docs/pressdata/en/ec/00100-r1.en0.htm.

European Commission. (2004). *Helping to create an entrepreneurial culture: A guide on good practices in promoting entrepreneurial attitudes and skills through education.* Luxembourg: Office for Official Publications of the European Communities.

European Commission. (2006). Entrepreneurship education in Europe: Fostering entrepreneurial mindsets through education and learning. *Final proceedings of the conference on entrepreneurship education in Oslo.* Luxembourg: Office for Official Publications of the European Communities.

European Commission. (2007). *European competences for lifelong learning.* Luxembourg: Office for Official Publications of the European Communities.

European Commission. (2008). *The European qualification framework for lifelong learning.* Retrieved from http://ec.europa.eu/dgs/education_culture.

European Commission. (2009). *Entrepreneurship in vocational education and training.* Luxembourg: Office for Official Publications of the European Communities.

European Commission. (2011). *Youth opportunities initiative*. Luxembourg: Office for Official Publications of the European Communities.

European Commission. (2012a). *2012 Joint report of the council and the commission on the implementation of the renewed framework for European cooperation in the youth field (2010–18)*, Luxemburg.

European Commission. (2012b). *Effects and impact of entrepreneurship programmes in higher education*. Brussels: Entrepreneurship Unit.

European Commission. (2012c). *Employment and social developments*. Retrieved from http://ec.europa.eu/employment_social/empl_portal/publications/Esde2012.

European Commission. (2012d). *Entrepreneurship education at school in Europe*. Luxembourg: Publications Office of the European Union. Retrieved from http://eacea.ec.europa.eu/education/eurydice/.

European Commission. (2013). *Europe 2020: Europe's growth strategy*. Luxembourg: Publications Office of the European Union. Retrieved from http://europa.eu/pol/index_en.htm.

Eurostat. (2012). *Entrepreneurship determinants: Culture and capabilities*. Luxembourg: Publications Office of the European Union.

Feuerstein, R., Feuerstein, R., & Falik, L. H. (2010). *Beyond smarter: Mediated learning and the brain's capacity for change*. New York: Teachers College Press.

Fumagalli, C. (2012). L'artigianato e la difficoltà di reperimento della manodopera: un gap da colmare attraverso un nuovo rapporto tra scuola, formazione e lavoro. *Annali della Pubblica Istruzione, 139* (Tra scuola e lavoro), 71–79.

Garlick, S., Taylor, M., & Plummer, P. (2007). *An enterprising approach to regional growth*. Adelaide: NCVER.

Gentili, C. (2011). Competenza tra realtà e rappresentazione. In M. Costa (Ed.), *Il valore oltre la competenza* (Vol. 2, pp. 41–68). Lecce: Pensa Multimedia.

Gentili, C. (2012a). Istruzione tecnica tra sapere e cultura d'impresa. *Annali della Pubblica Istruzione, 139* (Tra scuola e lavoro), 123–152.

Gentili, C. (2012b). *Scuola e impresa. Teorie e casi di partnership pedagogica*. Milano: Franco Angeli.

Gentili, C. (2013). Politiche educative e formative dopo la crisi del welfare. *Formazione & Insegnamento*, IX-1, 81–94.

Gibb, A. (2002). In Pursuit of a New "Enterprise" and "Entrepreneurship" Paradigm for Learning: Creative Destruction, New Values, New Ways of Doing Things and New Combinations of Knowledge. *International Journal of Management Reviews, 4*(3), 233–269.

Gibb, A., & Hannon, P. (2005). Towards the Entrepreneurial University. *Policy Paper, 3*.

Gibb, J. (2004). *Generic skills in vocational education and training: Research readings*. Adelaide: NCVER. Retrieved from www.ncver.edu.au.

Gosen, J., & Washbush, J. (2004). A Review of Scholarship on Assessing Experiential Learning Effectiveness. *Simulation & Gaming, 35*(2), 270–293.

Gries, T., & Naudé, W. (2011). Entrepreneurship and Human Development: A Capability Approach. *Journal of Public Economics, 95*, 216–224. doi: 10.1016/j.jpubeco.2010.11.008.

Guillén, M., Fontrodona, J., & Rodríguez-Sedano, A. (2007). The Great Forgotten Issue: Vindicating Ethics in the European Qualifications Framework (EQF). *Journal of Business Ethics, 74*(4), 409–423. doi: 10.1007/s10551-007-9515-0.

194 职业教育中的创业教育

Han, S. (2009). Commodification of human ability. In K. Illeris (Ed.), *International perspectives in competence development. Developing skills and capabilities* (pp. 56–68). New York: Routledge.
Heinonen, J., & Poikkijoki, S.-A. (2006). An Entrepreneurial-Directed Approach to Entrepreneurship Education: Mission Impossible? *Journal of Management Development, 25*(1), 80–94.
Higgins, D., & Elliott, C. (2011). Learning to Make Sense: What Works in Entrepreneurial Education? *Journal of European Industrial Training, 35*(4), 345–367.
Hirtt, N. (2009). L'approach par compétences: une mystification pédagogique. *L'école democratique, 39*, 1–34.
Iannelli, C., & Raffe, D. (2007). Vocational Upper-Secondary Education and the Transition from School. *European Sociological Review, 23*(1), 49–63.
Illeris, K. (2009a). Introduction. In K. Illeris (Ed.), *International perspectives in competence development. Developing skills and capabilities* (pp. 1–4). London: Routledge.
Illeris, K. (2009b). *Contemporary theories of learning. Learning theorists...in their own words.* London; New York: Routledge.
ILO. (2012a). *Global employment trends 2012: Preventing a deeper jobs crisis.* Geneva: International Labour Office.
ILO. (2012b). *Global employment trends for youth 2012.* Geneva: International Labour Office.
ILO. (2013). *Global employment trends 2013: Recovering from a second jobs dip.* Geneva: International Labour Office.
ILO. (2014). *Global employment trends 2014.* Geneva: International Labour Office.
ISFOL. (2012). *Le competenze per l'occupazione e per la crescita.* Retrieved from http://sbnlo2.cilea.it/bw5ne2/opac.aspx?WEB=ISFL&IDS=18795
Israel, G. (2011). Le fallacie dell'approccio per competenze nella scuola. *Scuola Democratoca, 2*, 106–110.
Jones, B., & Iredale, N. (2010). Enterprise Education as Pedagogy. *Education & Training, 52*(1), 7–19.
Klatt, M., & Polesel, J. (2013). *Vocational education and training in Australia and three-dimensional federalism* (Vol. 57, pp. 74–86). London: Sage Publications.
Klemp Jr, G. (1980). *The assessment of occupational competence.* Report to the National Institute of Education, Washington, DC, cited in Boyatzis, R. E. (1982), *The competent manager: A model for effective performance.* New York, NY: Wiley.
Kolb, A. Y., & Kolb, D. A. (2005). Learning Styles and Learning Spaces: Enhancing Experiential Learning in Higher Education. *Academy of Management Learning & Education, 4*(2), 193–212.
Kolb, D. A. (1984). *Experiential learning: Experience as the source of learning and development.* Englewood Cliffs, NJ: Prentice-Hall.
Konkola, R., Tuomi-Gröhn, T., Lambert, P., & Ludvigsen, S. (2007). Promoting Learning and Transfer Between School and Workplace. *Journal of Education and Work, 20*(3), 211–228. doi: 10.1080/13639080701464483.
Kozlinska, I. (2012). Fundamental View of the Outcomes of Entrepreneurship Education. *Fundamentaalne vaade ettevõtlushariduse väljunditele, 90*, 3–28.
Kyro, P. (2006). Entrepreneurship Education and Finnish Society. Working Paper. Tallinn University of Technology, School of Economics &

Business Administration. Retrieved from https://ezp.lib.unimelb.edu.au/login?url=https://search.ebscohost.com/login.aspx?direct=true&db=bth&AN=25554782&site=eds-live&scope=site.

Lave, J., & Wenger, E. (1991). *Situated learning: Legitimate peripheral participation.* New York: Cambridge University Press.

Le Boterf, G. (2011). *Ingénierie et évaluation des compétences.* Paris: Éditions Eyrolles.

Lodigiani, R. (2008). *Welfare attivo: apprendimento continuo e nuove politiche del lavoro in Europa.* Trento: Edizioni Erickson.

Man, T. W. Y. (2006). Exploring the Behavioural Patterns of Entrepreneurial Learning: A Competency Approach. *Education & Training, 48*(5), 309–321.

Margiotta, U. (2007). Tecnologia e formazione per il III millennio. In C. Gentili (Ed.), *Umanesimo tecnologico e formazione tecnica.* Rome: Armando Editore.

Margiotta, U. (2009). *Competenza e legittimazione dei processi formativi.* Lecce: Pensa Multimedia.

Margiotta, U. (2013). Dal welfare al learnfare: verso un nuovo contratto sociale. In G. Alessandrini (Ed.), *La formazione al centro dello sviluppo umano. Crescita, lavoro, innovazione.* Milano: Giuffré.

Martínez, A. C., Levie, J., Kelley, D. J., Sæmundsson, R. J., & Schøtt, T. (2010). *Global entrepreneurship monitor special report.* Retrieved from http://www.gemconsortium.org/report .

Mauriello, D., & Pini, M. (2012). I diplomi che "valgono un lavoro": l'evoluzione recente della domanda di formazione e lavoro delle imprese in base al sistema informativo excelsior. *Annali della Pubblica Istruzione, 139* (Tra scuola e lavoro), 21–70.

McClelland, D. C. (1973). Testing for Competence Rather than for Intelligence. *American Psychologist, 28*(1), 1–14.

Mengoni, L. (2012). Lo sviluppo di "reti di imprese" per il rilancio dell'istruzione tecnica. *Annali della Pubblica Istruzione, 139* (Tra scuola e lavoro), 163–178.

Mezirow, J. (2009). An overview on transformative learning. In K. Illeris (Ed.), *Contemporary theories of learning* (pp. 90–105). New York: Routledge.

Minniti, M., & Bygrave, W. (2001). A Dynamic Model of Entrepreneurial Learning. *Entrepreneurship Theory and Practice, 25*(3), 5–16.

Moodie, G., Fredman, N., Bexley, E., & Wheelahan, L. (2013). *Vocational education's variable links to vocations.* Adelaide: NCVER.

Morin, E. (1999). *La Tête bien faite: Penser la réforme, reformer la pensée.* Paris: Seuil.

Mwasalwiba, E. S. (2010). Entrepreneurship Education: A Review of Its Objectives, Teaching Methods, and Impact Indicators. *Education & Training, 52*(1), 20–47.

National Centre for Vocational Education Research. (2013). *Research messages 2012.* Adelaide: NCVER.

Nussbaum, M. (2003). Capabilities as Fundamental Entitlements: Sen and Social Justice. *Feminist Economics, 9*(2–3), 33–59.

OECD. (2005). *The definition and selection of key competencies.* Paris: OECD Publishing.

OECD. (2010a). *Learning for jobs.* Paris: OECD Publishing.

OECD. (2010b). *Off to a good start? Jobs for youth.* Paris: OECD Publishing. doi: 10.1787/9789264096127-en.

OECD. (2010c). *SMEs, entrepreneurship and innovation.* Paris: OECD Publishing. doi: 10.1787/9789264080355-en.

OECD. (2012a). *Education at a glance 2012: OECD indicators*. Paris: OECD Publishing. doi: 10.1787/eag-2012-en.

OECD. (2012b). *OECD employment outlook 2012*. Paris: OECD Publishing. doi: 10.1787/empl_outlook-2012-en.

OECD. (2013). *OECD employment outlook 2013*. Paris: OECD Publishing.

OECD & European Commission. (2013). *The missing entrepreneurs: Policies for inclusive entrepreneurship in Europe*. Paris: OECD Publishing.

Official Journal of the European Union. (2006). *Recommendation of the European Parliament and of the Council of 18 December 2006 on key competencies for lifelong learning*. Retrieved from http://eur-lex.europa.eu/oj/direct-access.html.

Official Journal of the European Union. (2008). *Recommendation of the European Parliament and of the Council of 23 April 2008 on the establishment of the European Qualifications Framework for lifelong learning*. Retrieved from http://eur-lex.europa.eu/oj/direct-access.html.

Palma, S. (2012). Orientamento femminile e placement per favorire la transizione scuola-lavoro. *Annali della Pubblica Istruzione, 139* (Tra scuola e lavoro), 179–186.

Pellerey, M. (2011). L'approccio per competenze:è un pericolo per l'educazione scolastica? *Scuola Democratica, 2*, 37–54.

Pittaway, L., & Cope, J. (2007). Simulating Entrepreneurial Learning Integrating Experiential and Collaborative Approaches to Learning. *Management Learning, 38*(2), 211–233.

Polesel, J. (2006). Reform and Reaction: Creating New Education and Training Structures in Italy. *Comparative Education, 42*(4), 549–562.

Polesel, J. (2008). Democratising the Curriculum or Training the Children of the Poor: School-Based Vocational Training in Australia. *Journal of Education Policy, 23*(6), 615–632.

Pontecorvo, C., Ajello, A. M., & Zucchermaglio, C. (2004). *Discutendo si impara*. Roma: Carocci.

Pupazzoni, G. (2009). L'esperienza di alternanza scuola lavoro in Lombardia. Retrieved from http://www.istruzione.lombardia.it/temi/didattica/alternanza-e-impresa-formativa-simulata.

Quintini, G. (2011). *Right for the job: Over-qualified or under-skilled?* Paris: OECD Publishing.

Quintini, G. (2012). Going separate ways? Differences in school-to-work pathways between Europe and the US. Retrieved from http://www.voxeu.org/article/school-work-pathways-europe-and-us.

Quintini, G., & Manfredi, T. (2009). *Going separate ways? School-to-work transitions in the United States and Europe*. Paris: OECD Publishing.

Quintini, G., Martin, J., & Martin, S. (2007). The changing nature of the school-to-work transition process in OECD countries. *WDA-HSG Discussion Paper* (2007–2). Paris: OECD Publishing.

Radu Lefebvre, M., & Redien-Collot, R. (2013). How to Do Things with Words: The Discursive Dimension of Experiential Learning in Entrepreneurial Mentoring Dyads. *Journal of Small Business Management, 51*(3), 370–393.

RIN. (2010). *Quality assurance and assessment of scholarly research*. Retrieved from www.rin.ac.uk.

Ribolzi, L. (2011). Tra conoscenze e competenze: integrazione o conflitto? *Scuola Democratica, 2*, 26–36.

Rodríguez, I. D. (2009). *Copie II baseline study on enterprise education.* Retrieved from http://publiek.syntra.be/websites/europeseprojecten/SEET/Shared%20Docu ments/Copie.

Roma, G. (2012). Integrare l'offerta formativa per rafforzare le filiere produttive. *Annali della Pubblica Istruzione, 139* (Tra scuola e lavoro), 15–20.

Rychen, D. S., & Salganik, L. H. (2001). *Defining and selecting key competencies.* Kirkland, WA: Hogrefe & Huber.

Salatin, A. (2011). Il riordino del sistema ivet in Italia: primi bilanci e prospettive. *Scuola Democratica, 3,* 183–188.

Salganik, L. H., & Rychen, D. S. (2003). *Key competencies for a successful life and a well-functioning society.* Retrieved from www.oecd.org. Paris: OECD Publishing.

Saljo, R. (2003). Epilogue: From transfer to boundary crossing. In T. Tuomi-Grohn & Y. Engestrom (Eds.), *Between school and work. New perspectives on transfer and boundary-crossing* (pp. 311–321). Amsterdam: Pergamon.

Sandberg, J. (2000). Understanding Human Competence at Work: An Interpretative Approach. *Academy of Management Journal, 43*(1), 9–25.

Sannino, A. (2011a). Activity Theory as an Activist and Interventionist Theory. *Theory & Psychology, 21*(5), 571–597.

Sannino, A. (2011b). Ricerca intervento in teoria dell'attività. Attualità della tradizione vygotskijana. *Formazione & Insegnamento, IX*(3), 104–114.

Sannino, A., & Sutter, B. (2011). Cultural-Historical Activity Theory and Interventionist Methodology: Classical Legacy and Contemporary Developments. *Theory & Psychology, 21*(5), 557–570.

Schumpeter, J. A. (1934). The theory of economic development: An inquiry into profits, capital, credit, interest, and the business cycle. Cambridge: Harvard University Press.

Sen, A. (1984). The living standard. Oxford Economic Papers, *36,* 74–90.

Sen, A. (1990). Development as Capability Expansion. Retrieved from http://peaceworkspartners.org/vault/Oxford/DPHPC/Health%20and%20Develop ment%20Course/Int%20Dev%20Readings%20HT10/2.%20MD%20Poverty%20and%20CA/Sen%2089%20Development_as_Capability_Expansion_1989.pdf.

Sen, A. (1999). *Development as freedom.* Oxford: Oxford University Press.

Sfard, A. (1998). On Two Metaphors for Learning and the Dangers of Choosing Just One. *Educational researcher, 27*(2), 4–13.

Smith, A. J., Collins, L. A., & Hannon, P. D. (2006). Embedding New Entrepreneurship Programmes in UK Higher Education Institutions. Challenges and Considerations. *Education + Training, 48*(8/9), 555–567.

Smith, E., & Comyn, P. (2003). *The development of employability skills in novice workers through employment.* Adelaide: NCVER.

Spencer, L., & Spencer, S. (1993). *Competence at work models for superior performance.* New York: Wiley.

State Government of Victoria. (2011). *A guide to apprenticeships and traineeships.* Skills Victoria. Retrieved from www.skills.vic.gov.au.

Stenstrom, M.-L., & Tynjala, P. (2009). *Towards integration of work and learning.* Dordrecht: Springer.

Suchman, L. (1994). Working Relations of Technology Production and Use. *Computer Supported Cooperative Work (CSCW), 2*(1–2), 21–39.

Sweet, R. (2009). *A competent recovery? Economic downturn and Australia's vocational education and training system.* Adelaide: NCVER.

Tessaro, F. (2012). Lo sviluppo della competenza. indicatori e processi per un modello di valutazione. *Formazione & Insegnamento, X*(1), 105–119.

Taatila, V. P. (2010). Learning Entrepreneurship in Higher Education. *Education & Training, 52*(1), 48–61.

The Gallup Organization. (2010). *Entrepreneurship in the EU and Beyond.* Retrieved from http://ec.europa.eu.

Tikly, L. (2013). Reconceptualizing TVET and development: A human capability and social justice approach. *Revisiting global trends in TVET: Reflections on theory and practice* (pp. 1–40). Bonn: UNESCO-UNEVOC.

Tomasello, M. (1999). *The cultural origins of human cognition.* Cambridge: Harvard University Press.

Toner, P. (2011). Tradespeople and technicians in innovation. In P. Curtin, J. Stanwick, & F. Beddie (Eds.), *Fostering enterprise: The innovation and skills nexus – research readings* (pp. 127–143). Adelaide: NCVER.

Tuomi-Gröhn, T., Engeström, Y., & Young, M. (2003). From transfer to boundary-crossing between school and work as a tool for developing vocational education: An introduction. In T. Tuomi-Grohn, & Y. Engestrom (Eds.), *Between school and work: New perspectives on transfer and boundary-crossing* (pp. 1–18). Amsterdam: Pergamon.

Tynjala, P. (2008). Perspectives into Learning at the Workplace. *Educational Research Review, 3*, 130–154.

Tynjala, P., & Gijbels, D. (2012). Changing world: Changing pedagogy. In P. Tynjälä, M.-L. Stenström, & M. Saarnivaara (Eds.), *Transitions and transformations in learning and education* (pp. 205–222). New York: Springer.

Tynjälä, P., Häkkinen, P., & Hämäläinen, R. (2014). TEL@work: Toward Integration of Theory and Practice. *British Journal of Educational Technology, 45*(6), 990–1000. doi: 10.1111/bjet.12164.

Ugolini, E. (2012). Giovani, scuola, formazione e lavoro. *Annali della Pubblica Istruzione, 139* (Tra scuola e lavoro), 1–14.

UNESCO-UNEVOC. (2012). *Transforming TVET – from idea to action.* Bonn: UNESCO. Retrieved from http://www.unevoc.unesco.org/.

UNESCO-UNEVOC. (2014). *Shanghai update. Follow-up on the UNESCO Third International TVET Congress.* Bonn: UNESCO. Retrieved from http://www.unevoc.unesco.org/.

UNESCO. (2012). Transforming TVET: Building skills for work and life *Third International Congress on Technical and Vocational Education and Training.* Shanghai, People's Republic of China.

Valerio, A., Parton, B., & Robb, A. (2014). *Entrepreneurship education and training programs around the world: Dimensions for success.* Washington: World Bank.

Van Gelderen, M. (2012). Individualizing entrepreneurship education. In M. Van Gelderen, & E. Masurel (Eds.), *Entrepreneurship in context* (pp. 47–59). New York: Routledge.

Van Oers, B. (1998). The fallacy of decontextualization. *Mind, Culture & Activity, 5*(2), 135–142.

Virkkunen, J., & Newnham, D. S. (2013). *The change laboratory. A tool for collaborative development of work and education.* Rotterdam: Sense Publishers.

Visalberghi, A. (2011). Il problema dell'assolvimento dell'obbligo: una prospettiva riqualificante. *Scuola Democratica, 3*, 14–20.

Volkmann, C., Wilson, K. E., Mariotti, S., Rabuzzi, D., Vyakarnam, S., & Sepulveda, A. (2009). *Educating the Next Wave of Entrepreneurs: Unlocking Entrepreneurial Capabilities to Meet the Global Challenges of the 21st Century.* Retrieved from http://www.skillsforemployment.org/KSP/en/Details/?dn= WCMSTEST4_079245

Vygotsky, L. (1978). *Mind in society: The development of higher psychological processes.* Cambridge: Harvard University Press.

Wang, C. L., & Chugh, H. (2014). Entrepreneurial Learning: Past Research and Future Challenges. *International Journal of Management Reviews, (1)*, 24.

Wenger, E. (1998). *Communities of practice: Learning, meaning, and identity.* New York: Cambridge University Press.

Wheelahan, L., Leahy, M., Fredamn, N., Moodie, G., Arkoudis, S., & Bexley, E. (2012). *Missing links: The fragmented relationship between tertiary education and jobs.* Adelaide: NCVER.

Wheelahan, L., & Moodie, G. (2011). *Rethinking skills in vocational education and training: From competencies to capabilities.* Sydney: NSW Board of Vocational Education and Training.

Wheelahan, L., Moodie, G., & Buchanan, J. (2012). *Revitalizing the "vocational" in flows of learning and labour.* Adelaide: NCVER.

Wibrow, B. (2011). *Employability skills at a glance.* Adelaide: NCVER. Retrieved from www.ncver.edu.au.

Winch, C. (2013). The attractiveness of TVET. *Revisiting global trends in TVET: Reflections on theory and practice* (pp. 86–122). Bonn: UNESCO-UNEVOC.

Vygotsky, L. (1978). *Mind in society: The development of higher psychological processes.* Cambridge: Harvard University Press.

Zuccaro, A. (2011). *Alternanza Scuola-Lavoro. Nuovi contesti, altri apprendimenti, opportune scelte.* Retrieved from http://archivio.pubblica.istruzione.it/dg_post_ secondaria/allegati/alternanza_2011_sintesi_zuccaro.pdf .

Zuccaro, A. (2012). Alternanza scuola lavoro: lo stato dell'arte. *Annali della Pubblica Istruzione, 139* (Tra scuola e lavoro), 227–250.

Zucchermaglio, C., Alby, F., Fatigante, M., & Saguetta, M. (2013). *Fare ricerca situata in psicologia sociale.* Bologna: Il Mulino.

译后记

　　我对国际创业教育的关注始于 2015 年，有幸加入了东北师范大学"创新创业教育译丛"翻译团队。团队成员精诚合作，激情创造，共同克服了译介过程中无数的语言难题和学术难题。这段经历，不仅使我积累了许多宝贵的翻译经验，同时激发了我对创业教育继续探索和求知的研究旨趣，我的博士学位论文《基于核心素养发展的欧盟创业教育研究》便是对创业教育国际比较研究的集中思考。

　　一提起创业教育，大家首先都会想到美国，主要原因是美国的创业教育起步较早。关于美国创业教育的起步时间，当前学术界普遍将 1947 年哈佛大学商学院的迈尔斯·梅斯（Myles Mace）教授为 MBA 学生开设"新企业管理"（Management of New Enterprises）课程这一事件，作为美国创业教育的发端。我国高校创新创业教育在 20 世纪 90 年代末期才开始受到重视，与欧盟组织重视创业教育的时间基本相当，比美国的创业教育晚了将近 50 年。中国和欧盟组织的创业教育都以面向全体、结合专业、广谱施教为指导思想，秉持培养具有开创性个人的"广谱式"创业教育理念。因此，学术界通常认为中国和欧盟组织的创业教育模式具有"后发外生型"特点，而美国创业教育模式具有"早发内生型"特点。与早发国家发展的主导力量来自社会自下而上的推进不同，后发国家发展的主导力量来自国家（组织）自上而下的密集推进。其中，欧盟组织将创业定位于欧洲公民终身学习核心素养之一，不遗余力在欧洲乃至世界范围内推广，便是这一模式的集中体现。

　　《职业教育中的创业教育》一书的作者丹尼尔·莫尔塞利也秉持了欧盟组织有关创业教育的理念，即着眼于学生个体发展，将其视作个人终身学习的核心素养之一。在此基础上，作者选取了意大利和澳大利亚两国的两所职业院校展开了深入的实证研究。希望本书的译介能够使中国的读者朋友们更好地了解在职业教育中如何开展创业教育，为中国创业教育的发展贡献力量。

译著《职业教育中的创业教育》能够顺利面世，要感谢我的导师王占仁教授，是他的鼓励和引导，使我进入创业研究领域，使我不断攻坚克难，挑战自我；还要感谢我所在的东北师范大学经济与管理学院和东北师范大学思想政治教育研究院的各位领导和同事，他们为我的成长创造了条件；感谢王静仪、周佳慧、赵梦涵、臧艺涵和郭健琪等五位东北师范大学外国语学院本科生，她们帮助完成了大量基础性工作。

值得一提的是，在承担本书翻译任务的同时，本人还作为主持人承担了吉林省高等教育教学改革研究课题"变革实验室教学法在高校创新创业课程中的应用"（2024L5LOKIS001P）。本书也凝结了我对这一课题的思考。

常飒飒

2024 年 6 月 12 日

图书在版编目（CIP）数据

职业教育中的创业教育 ：一项意大利和澳大利亚的
比较研究 ／（意）丹尼尔·莫尔塞利著 ；常飒飒译.
北京 ：商务印书馆，2024. -- ISBN 978-7-100-24280-6

Ⅰ．G717.38

中国国家版本馆CIP数据核字第2024K37932号

职业教育中的创业教育
一项意大利和澳大利亚的比较研究
〔意〕丹尼尔·莫尔塞利 著
常飒飒 译

商 务 印 书 馆 出 版
（北京王府井大街 36 号 邮政编码 100710）
商 务 印 书 馆 发 行
艺堂印刷（天津）有限公司印刷
ISBN 978-7-100-24280-6

2024 年 11 月第 1 版　　　开本 710×1000　1/16
2024 年 11 月第 1 次印刷　　印张 13½
定价：78.00 元